MW00716711

Julio Mangas Manjarrés

SÉNECA

o el poder de la cultura

PEQUEÑA *gran* HISTORIA

Edición a cargo de Isabel Belmonte López

Primera edición: mayo 2001

O'Donnell, 19, 28009 Madrid

I.S.B.N.: 84-8306-438-3
Depósito legal: B. 16.810 - 2001
Compuesto en Zero pre impresión
Impreso en Limpergraf, Mogoda, 29, Barberà del Vallès (Barcelona)
Impreso en España *(Printed in Spain)*

Sumario

Familia de los Julio-Claudios

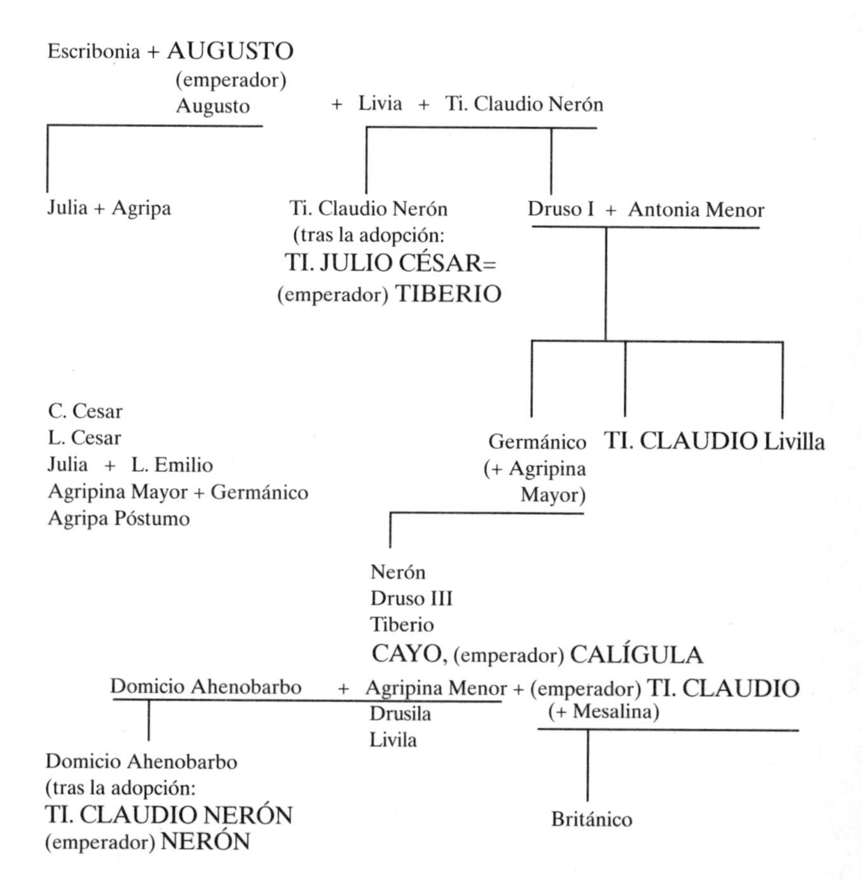

NOTA: Se indican los nombres de los emperadores con mayúsculas. No se reflejan otros matrimonios de algunos de ellos que no tuvieron descendencia o que no tuvieron repercusión en la línea sucesoria.

Presentación

Sé útil al mayor número posible de tus semejantes.

(Máxima de los estoicos)

Resulta muy frecuente encontrarse ante vidas prosaicas de personas, que han sido objeto de un relato biográfico por haber sobresalido en poseer sólo una especial dote de las muchas posibles: o ser un buen militar, o un gran político o un excelente pintor... Séneca, en cambio, se distinguió de sus contemporáneos en casi todo; ciertamente, nunca tuvo ocasión de demostrar si poseía excelentes dotes militares y, sin duda, tampoco sobresalía por sus dotes como deportista; su valoración negativa de los gimnasios de su época queda reflejada en frases como ésta, no exenta de gracia: «por más que te hayas engrasado y tus músculos alcancen un gran volumen, jamás igualarás el poder ni el peso de un buey cebado» (*Cartas*, 15, 2).

Un personaje como Séneca no resulta fácil de ser comprendido y encasillado en todas sus dimensiones humanas, culturales y políticas. Baste recordar que estuvo a punto de no poder ser ante la amenaza de una grave enfermedad, controlada con dificultad durante toda su vida; que llegó a poseer una de las grandes fortunas de Roma mientras hacía alabanzas de la honesta pobreza; que sufrió un largo y penoso destierro con la consiguiente expropiación de gran parte de su fortuna; que alcanzó después las cotas más altas de poder; que se casó con dos mujeres siendo un ferviente defensor de la estabilidad del matrimonio y que, en medio de esas y otras circunstancias adversas y a veces contradictorias, tuvo tiempo para escribir decenas de obras que trataban sobre las más importantes ramas del saber de entonces.

Séneca interesó ya a los escritores cristianos de la Antigüedad, porque creyeron ver en él a un precursor pagano de la defensa del monoteísmo y de la moral cristiana. Esa simpatía por Séneca siguió vigente en la Edad Media y el interés por sus obras o por su vida, renovado con otras perspectivas desde el Renacimiento, no ha decaído hasta el presente. Pero si los autores cristianos tuvieron una visión sesgada sobre Séneca, utilizado ante todo para reforzar el valor de las propias doctrinas, otros se han acercado a Séneca para comprender su particular filosofía estoica o para sopesar el valor literario de sus obras o bien para intentar dilucidar la originalidad de sus conocimientos de historia natural. Podemos decir, en cambio, sirviéndonos de una máxima estoica que le resultaba muy querida que, ante todo, Séneca fue un hombre que intentó «ser útil al mayor número posible de sus semejantes». Más aún, su obra no se comprende bien e incluso puede resultar plúmbea y reiterativa, si se analiza desligada de los avatares complejos de su vida, mantenida en una tensión constante por luchar contra la ignorancia —«Una de las desgracias de la ignorancia es ésta: que cada día se comienza (a conocer la realidad)» (*Cartas*, 13, 16)—, contra la pérdida del tiempo —«Apresúrate, pues, querido Lucilio, a vivir, y ten cada uno de los días por otras tantas vidas» (*Cartas*, 1, 10)— y contra los excesos y sinsentidos de la tiranía; para intentar frenar la política represiva de Nerón, le decía: «Puedes matar tantos hombres como quieras, pero no podrás nunca matar a tu sucesor, el que tendrá la capacidad incluso de borrar tu memoria» (Dión Casio, 61, 18, 3). Pero tampoco se comprende bien a Séneca si se hace caso omiso de las mujeres de su vida, de las que siempre le apoyaron y le prestaron una sensibilidad nada común (sus propias dos mujeres, su madre, su tía y su sobrina) y de las que lo utilizaron o en las que encontró recursos para su promoción política (la anónima mujer, que lo libró de la muerte, Mesalina por la que fue condenado al destierro, y Agripina, la que lo sacó del mismo y con la que terminó enfrentándose). Si las mujeres de su familia le ayudaron a entender el modo de poder relacionarse con las ambiciosas e intrigantes mujeres de la familia imperial (Mesalina, Julia Livila y Agripina), Séneca comprendió como pocos el valor de la amistad; no le bastó el contar con buenos amigos que mantuvo hasta el final de sus días, la generosidad de su espíritu le llevó a escribir un pequeño libro sobre la amistad que llevaba un subtítulo expresivo, «Cómo debe conservarse la amistad», cuyos contenidos intentó poner en práctica.

Por más que Séneca, como sus otros dos hermanos, hubiera nacido en Córdoba, resulta excesivo buscar en él «los valores de la raza hispana» o asumir como válidas las palabras de A. Ganivet («Séneca no es un español, hijo de España por azar; es español por esencia»), tal como han hecho muchos y, entre ellos, L. Astrana quien, por otra parte, redactó una biografía sobre Séneca, muy meritoria para su época, el año 1947. El lugar de su nacimiento no condicionó ni su vida ni su pensamiento; sí fue, en cambio, uno de los primeros romanos de origen provincial que, instalados en la capital del Imperio, contribuyeron a mantener y dignificar los más sólidos valores de la cultura grecorromana.

El tiempo de Séneca se corresponde con la época de los emperadores Julio-Claudios. Augusto había conseguido hacer una hábil transición política del antiguo régimen republicano a la nueva modalidad del poder imperial unipersonal, pero su obra, que no dejó de tener detractores, quedó incompleta también en una cuestión central: murió sin haber conseguido consensuar una fórmula que reglamentara el modo de transmitir el poder. Así, Séneca tuvo que ser unas veces testigo, otras colaborador y finalmente víctima de las intrigas y arbitrariedades que acompañaron a los gobiernos de los sucesores de Augusto; privados de las dotes, del carisma y del prestigio político de éste, no dudaron en emplear los más viles métodos represivos ni en sacrificar a decenas de hombres valiosos para conseguir el poder o mantenerse en él. Por otra parte, Augusto tampoco había sido capaz de cambiar el signo social de los tiempos, marcados por una gran libertad de costumbres que afectaban a todas las capas sociales: los emperadores buscaban el favor del pueblo de Roma con la concesión de fiestas, juegos y espectáculos, siempre gravosos para el erario público; el pueblo ansiaba resarcirse de las muchas penalidades sufridas durante las Guerras Civiles. Y el deseo de diversión iba acompañado de un elevado grado de disolución moral y de una plena libertad en las relaciones sexuales; frente al retroceso de las familias tradicionales, comenzaban a ser frecuentes los casos de quienes se casaban cuatro o cinco veces. El ansia de lujo llevaba a muchas matronas a prostituirse para incrementar los ingresos ordinarios de la casa. El ejemplo citado por Juvenal de la matrona que tuvo ocho maridos en sólo cinco años fue sin duda un caso extremo, pero que no podía haberse dado en otras épocas; había mujeres que habían asimilado hasta tal punto el gran viraje político realizado por Augusto, que no les bastaba «controlar el Imperio» sino que aspiraban a mantener también el «monopolio de la autoridad y de la representación de la familia».

Esos breves rasgos pueden ayudar a entender el complejo mundo de Séneca, un mundo difícil en el que logró sobrevivir y destacar gracias al poder de su cultura. Del apoyo de su familia y de sus amigos, sacó Séneca fuerzas para no sucumbir a la tentación del suicidio en sus momentos más negros, y el constante deseo de aprender y de enseñar, el de «ser útil a sus semejantes» fue el pilar personal de su fuerza interior. Ya muy mayor, decepcionado y retirado de la política activa, a sabiendas de que podía ser víctima de las acusaciones o envidias de sus enemigos, Séneca seguía luchando por aprender nuevas cosas; en el año 63, escribía a su amigo Lucilio: «Dedico al estudio una parte de mis noches. No voy a dormir, sino que sucumbo y llego a tener los ojos cansados por la vigilia y caídos por el trabajo» (*Cartas*, 8, 1). Y lo decía quien, unas pocas fechas antes, había escrito al mismo Lucilio: «Yo disfruto aprendiendo algo para enseñarlo [...] y jamás me interesará nada, incluso si es bello y útil, si sólo lo voy a aprovechar yo» (*Cartas*, 6, 2). Para acallar sus palabras, sustentadas en el reconocido prestigio de su cultura, Séneca fue condenado al destierro, pero también, gracias a ser considerado el hombre más sabio de su tiempo, pudo recuperar la libertad, los honores, su fortuna confiscada y la más alta posición política. Se entiende así que hayamos titulado esta obra «Séneca o el poder de la cultura».

Como nuestro texto no responde a una biografía novelada, sino que hemos pretendido escribir una biografía histórica, no resulta posible prescindir de referencias a textos antiguos ni a bibliografía moderna. El volumen de discusiones y de matizaciones parciales de esta bibliografía es tan enorme que una exposición, aun concentrada de la misma, hubiera conducido a atiborrar al lector con citas, cruces de opiniones y a menudo con redacciones modernas de los contenidos de la obra de Séneca. Para que Séneca no quedara sepultado por este cúmulo de opiniones modernas, las hemos asumido nosotros como marco de referencia constante, pero hemos preferido dejar que sea Séneca y otros autores antiguos los que tengan la primera palabra. Dejamos al lector la opción de ampliar información en las notas de los diversos capítulos y en la bibliografía citada. En los *Apéndices* finales, se pueden encontrar datos complementarios que ayudan a comprender el marco cronológico de Séneca y de sus obras.

Deseamos expresar nuestro agradecimiento a Ángel Lucía e Isabel Belmonte, quienes, contra mis dudas, me estimularon para redactar esta obra. Sin su insistencia, habría perdido la oportunidad de comprender la tensión y coherencia que laten entre los avatares de la vida y la obra escrita de este hombre excepcional que fue Séneca.

1. Roma, el destino de un provincial

Séneca escribió la frase célebre que se ha repetido muchas veces: «Donde el pueblo romano vence, establece su residencia»[1]. También tuvo aplicación en Hispania.

Desde que se inició la presencia de los ejércitos romanos en Hispania el 218 a.C., comenzaron a darse casos de italorromanos que, después de terminar sus compromisos militares, no volvieron a su ciudad de origen. Ya en el año 171 a.C., Roma fundó la primera colonia latina en Hispania, la primera también fuera de Italia, en un enclave de la bahía de Algeciras (San Roque, Cádiz). En esa colonia llamada *Carteia* se asentó a «más de cuatro mil hombres que se decían hijos de soldados romanos y de mujeres hispanas, con las que los soldados no habían contraído matrimonio legítimo»[2]. Nadie duda de que, aunque la colonia se fundó para asentar a los hijos, más de un padre se quedó junto a ellos.

Los nuevos dominios romanos de la península Ibérica exigían una emigración de italorromanos más intensa que la que pudiera producirse en otros territorios recientemente conquistados. Había que cobrar impuestos y hacer obras públicas, pero también poner en explotación los ingentes recursos económicos. De algunas de esas tareas se encargaron las sociedades de publicanos; de otras, los particulares emigrados. Dice el historiador antiguo Diodoro Sículo[3], bien informado de los asuntos del Occidente, que se desplazó a Hispania una muchedumbre de itálicos que compraban esclavos para ponerlos a trabajar en las minas. Y por la intensa actividad de tales explotaciones[4], la referencia a una «muchedumbre» permite pensar que Diodoro estaba muy acertado. Como algunos

[1] Séneca, *Consolación a Helvia*, 6, 7: *Ubicumque vicit Romanus, habitat.*

[2] Livio, 43, 3.

[3] Diodoro Sículo, 5, 36, 3-4.

[4] J. Mangas - A. Orejas, 1999, pp. 218 y ss.

han definido, Hispania era como El Dorado[5], tierra que permitía un rápido enriquecimiento con los beneficios de las minas.

Entre esos itálicos, se debían encontrar los Anneos, antepasados de la familia de Séneca. El nombre completo del padre de Séneca era el de Lucio Anneo Séneca, el mismo que llevó su segundo hijo del que vamos a hablar. Los dos primeros componentes del nombre eran puramente romanos: mientras el primero de ellos, Lucio, era muy común, el segundo, Anneo, reflejaba la pertenencia a una gran familia que estaba muy extendida en la Italia central[6]. El último componente, Séneca, era de origen indígena y procedía del fondo prerromano celtizado[7]. En el origen de esa familia nos encontramos, pues, un caso que fue muy frecuente: el de un inmigrante itálico que se unió a una familia indígena local o bien sirvió de protector para que esa familia accediera a la ciudadanía romana, calcando los dos primeros componentes del nombre de quien fue su promotor.

Esa integración de los Séneca en la ciudadanía romana se debió de producir a fines del s. II a.C., pues el padre de Séneca pertenecía ya a los ciudadanos de rango ecuestre[8]. Ello equivalía a que sus antepasados habían ido escalando desde el estatuto de simples ciudadanos al del rango decurional y, desde ése, al de los ecuestres; todos esos escalones solían exigir el paso de un mínimo de dos o tres generaciones[9].

---

[5] J. M. Blázquez, 1978, pp. 253 y ss.

[6] W. Schulze, 1904, p. 346, creyó poder precisar que el nombre Anneo era de origen etrusco.

[7] Se documenta, además de en Córdoba, en otros muchos lugares de la Hispania romana como en Odrinhas (Sintra), Serpa (Beja), Caldas de Reis (Pontevedra), Cuevas (Soria), Madrigalejo (Cáceres), Villalba de Acor (Huesca), Alcalá del Río (Sevilla), Almuñecar, Mala y Pinos (Granada); también hay otros testimonios de Ampurias, Barcelona, Tarragona y, en menor número, de fuera de la península Ibérica: Galia Narbonense, Bélgica, ambas Germanias, Campos Decumates, norte de Italia e Iliria. Y se llega a conclusiones semejantes al estudiar otras formas derivadas como las de Senecio y Seneciano. Véase M. L. Albertos, 1966, pp. 203-204 y J. M. Abascal, 1994, p. 503.

[8] En el diálogo entre Séneca hijo y Nerón, tal como es presentado por Tácito (*Anales*, 14, 53), Séneca decía haber nacido provincial y de rango ecuestre: *egone equestri et provinciali loco ortus proceribus civitatis adnumeror?*

[9] J. Gagé, 1964, pp. 107 y ss.

El padre de Séneca disponía ya de una considerable fortuna, como se exigía para pertenecer a los ecuestres[10]. El territorio de Córdoba, de donde procedía la familia, ofrecía excelentes condiciones para un rápido enriquecimiento, pues, además de la fertilidad de sus tierras, contaba con importantes distritos mineros[11]. Córdoba disponía de condiciones análogas a las de la provincia de Jaén, en una de cuyas ciudades antiguas se ve bien esa mezcla de emigrantes con indígenas, pues sus magistrados locales, ya a fines del s. II a.C., unos llevaban nombres de italorromanos (Cayo Elio, Marco Fulvio, Cayo Cornelio) y otros, nombres locales (Sacal, Iscer, Socer)[12].

La ciudad de Córdoba, de donde procedían los Séneca, había sido transformada en colonia latina en el año 152 a.C. por Claudio Marcelo[13]. Esa circunstancia y la de comenzar pronto a cumplir las funciones de capitalidad provincial hicieron de Córdoba un polo de atracción de emigrantes italorromanos, pero también le acarrearon las desgracias de verse implicada en diversos avatares bélicos. El padre de Séneca pudo vivir en su ciudad, siendo muy pequeño, el duro enfrentamiento que dividió a toda la sociedad romanizada de Hispania entre los partidarios de Pompeyo y los seguidores de César[14]. Tras la victoria sobre los pompeyanos, Córdoba fue elegida por César para reunir allí a «los magistrados y los principales de todas las ciudades (de la Hispania Ulterior)»[15], con el fin de indicarles las directrices del nuevo gobierno

[10] El mínimo de una fortuna de 400.000 sestercios para pertenecer al rango ecuestre solía superarse con creces. En todo caso, el acceso al rango ecuestre no se producía por el simple hecho del incremento de fortuna; era también preciso el haber recibido la aprobación de los responsables del censo.

[11] A los ya amplios testimonios sobre minas recogidos por Cl. Domergue, 1987, pp. 89 y ss.; *ídem*, 1990, pp. 421 y ss., se han añadido los recientes de J. García Romero, 2000, pp. 164 y ss. (tesis) que ha contabilizado un total de 123 yacimientos minerometalúrgicos romanos en el solar de la actual provincia de Córdoba.

[12] Nos referimos a la ciudad de *Castulo* (Linares, Jaén). Véase A. Marín, 1988, pp. 148 y ss.

[13] Estrabón, 3, 2, 1; entre los estudios modernos, véase las síntesis de H. Galsterer, 1971, pp. 9-10 y de J. F. Rodríguez-Neila, 1988.

[14] En tal enfrentamiento, las dos provincias de Hispania fueron inicialmente pompeyanas: véase Plutarco, *César*, 28.

[15] César, *Guerra Civil*, II, 19.

de Roma. Y Córdoba siguió siendo una de las ciudades conflictivas donde se reprodujeron otros enfrentamientos posteriores entre los seguidores de César y los de los hijos de Pompeyo[16]. Los cambios de bando político de su población y las tensiones sociales de esos años dejaron secuelas y recuerdos familiares, que condicionaron mentalidades como la del padre de Séneca que simpatizó siempre con la causa de los pompeyanos. Pero la ambigüedad política de la ciudad le costó el quedar temporalmente relegada: no recibió el estatuto de colonia romana hasta la época de Augusto, a pesar de ser capital provincial y cuando otras ciudades menores lo habían recibido[17].

El padre de Séneca tenía unos 16 años cuando hizo su primer viaje a Roma. A esa edad, había ya realizado en Córdoba su aprendizaje inicial con un pedagogo y también había asistido a las clases de algún gramático. Nacido en torno al año 56 a.C., no tenía edad para haber entrado en relación personal con Cicerón, muerto en 43 a.C. El mismo dice: «Creo haber oído a todos los que tuvieron fama de elocuencia, excepto a Cicerón»; añade que, por su edad, lo podría haber oído, pero que, ante los graves conflictos de las guerras civiles, se mantuvo en «los confines de mi colonia (Córdoba)»[18]. Debió, pues, hacer su primer viaje a Roma, hacia el año 39, en plena época del II Triunvirato.

El padre de Séneca pudo ser testigo de la total renovación urbanística de Roma, ciudad que Augusto recibió con muchas ruinas y edificios hechos de malos materiales y la entregó cubierta de mármoles. El propio Augusto relata en sus memorias una parte de esta inmensa actividad edilicia: «Como obras nuevas, hice el templo de Marte, el de Júpiter Tonante y Feretrio, el de Apolo, el del divino Julio, el de Quirino, el de Minerva, el de Juno Reina, el de Júpiter Libertad, el de los Lares, el de los dioses Pe-

---

[16] *Guerra alejandrina*, 48, 1; 54; 58. *Guerra hispaniense*, 33; Apiano, *Guerra Civil*, 104.

[17] Entre los varios testimonios de ciudades con rango de colonia romana o de municipio romano, de época cesariana, pueden recordarse los de *Asido* (Medina Sidonia), *Callet* (El Coronil), *Carmo* (Carmona), *Gades* (Cádiz), *Hasta* (Asta, junto a Jerez), *Hispalis* (Sevilla), *Urso* (Osuna), *Ebora*...: véase H. Galsterer, 1971, pp. 9 y ss.; 65 ss.

[18] Séneca Rétor, *Controversias*, pref. 11.

nates, el de la Juventud, el de la Gran Madre, el Lupercal, el Pulvinar situado junto al Circo, la Curia con el Calcídico, el Foro Augústeo, la Basílica Julia, el teatro de Marcelo, el Pórtico Octavio [y] el bosque sagrado de los Césares. Rehice el Capitolio y los templos hasta un número de ochenta, el teatro de Pompeyo, los acueductos [y] la vía Flaminia»[19]. Y esa transformación era paralela a la que Roma estaba sufriendo como centro de actividad cultural y económica.

Por más que las capitales provinciales eran también objeto de remodelación urbanística y recibían visitas ocasionales de filósofos y rétores, una estancia en Roma se imponía como necesidad para todo provincial ambicioso. Para el padre de Séneca, las estancias ocasionales en Roma terminaron siendo cada vez más largas hasta convertirse en definitivas. En Roma, tuvo la ocasión de conocer a la mejor generación de escritores (Virgilio, Horacio, Ovidio, Livio...), a los protegidos por Asinio Polión y a los del círculo de Mecenas[20].

En esa Roma a la que él acudía, también florecían más que nunca los filósofos y los maestros de retórica, pues la buena gestión del Imperio demandaba cada día mejores administradores y juristas. Al aprendizaje de estos conocimientos, dedicó gran parte de su actividad el padre de Séneca. Acudía a las clases del retórico Manilio junto a su paisano Porcio Latrón, con el que mantuvo una estrecha amistad y al que siguió siempre admirando; alude a él como a «mi compañero y amigo carísimo Porcio Latrón» con el que mantuve «una íntima amistad prolongada sin interrupción desde mi adolescencia hasta el último día de su vida»[21]. Es curioso comprobar que, cuando habla con admiración de Latrón, dice encontrarle sólo un defecto típicamente hispano, el de la improvisación apoyada en el ingenio: «No tenía ningún

---

[19] Augusto, *Hechos*, *Apéndice*, 2-3.

[20] Siguen siendo básicas las monografías de J. André, 1949 (sobre Asinio Polión) y 1967 (sobre Mecenas). Lucio Anneo Séneca, hijo, no mostraba mucha simpatía por Mecenas.

[21] Séneca Rétor, *Controversias,* pref., 13. Sigue diciendo de Latrón que «no había un hombre más serio, ni más amable, ni más digno de ejercitar la elocuencia» y también que era apasionado, sin medida, pues o trabajaba hasta el agotamiento o no hacía nada (Séneca Rétor, *Controversias,* pref., 14-17).

cuidado en ejercitar su voz; no conseguía olvidar nuestra sólida y agreste costumbre de Hispania de vivir conforme se presentan las circunstancias. No hacía nada por modular su voz»[22]. Sin duda, el padre de Séneca pudo tener un acceso privilegiado a la consulta de los libros que contenía la Biblioteca Palatina, al frente de la cual Augusto había puesto a un liberto suyo de origen hispano, a Cayo Julio Higino[23]. También amigo y paisano suyo era Junio Galión, uno de los más famosos declamadores de Roma[24]; Galión adoptó más tarde como hijo al mayor de los tres hijos de Séneca.

A pesar de que siempre se le reconoció su valía, el padre de Séneca no intentó ascender al rango senatorial ni tampoco comprometerse en actividades políticas o administrativas. Prefirió emplear sus conocimientos para atender mejor a sus negocios privados y para ponerlos al servicio de la educación de sus hijos. Escribió una historia de Roma que se nos ha perdido, pero que no se decidió a publicar más que cuando ya era mayor y sus simpatías por la República podían desvelarse sin riesgo de su vida[25]. Y también se decidió a sus 80 años a redactar los recuerdos de sus aprendizajes de retórica con el fin de que sirvieran para la educación de sus hijos[26]. Presumía de haber tenido una excelente me-

---

[22] Séneca Rétor, *Controversias,* pref., 16.

[23] Séneca Rétor, *Controversias*, X, lib. 2.

[24] Quintiliano, *Instituciones oratorias*, IX, 2, 90-91, destaca la importancia que tuvo Galión en su época.

[25] La obra fue utilizada por historiadores posteriores: véase Suetonio, *Tiberio*, 73. Séneca Rétor, *Suasorias*, VI, 8, desvela la fuerza expresiva de su lenguaje en la descripción que hace del triunviro Marco Antonio, a quien calificó de «nuevo Sila, sediento de sangre de ciudadanos», que hacía que «las cabezas consulares se pagaran a precio de oro», un hombre que no llevaba rostro humano, sino el de la guerra civil «con sus ojos brillantes a la vez de crueldad y de orgullo».

[26] Las llamadas *Controversias* por el padre de Séneca eran semejantes a las que Cicerón llamaba *Causae*, otros *Scholasticae* y, más tarde, en época de sus hijos, se llamaban *Declamationes*. (Séneca Rétor, *Controversias, pref.*, 12.) Hoy las llamaríamos *Debates*. La técnica consistía en lo siguiente: el maestro proponía un tema y, después, los alumnos ofrecían sus opiniones y argumentos; he aquí, unos enunciados de las *Controversias*: I: «El tío que repudia al sobrino»; II: «La prostituta que aspira al sacerdocio»; III: «La sacerdotisa incentuosa arrojada desde la Roca»; IV: «El héroe mutilado»; V: «El seductor de dos mujeres», etc.

moria que «era tan vigorosa que [...] repetía bien dos mil nombres en el orden en que habían sido dichos y recitaba, del último al primero, los versos que mis condiscípulos, reunidos conmigo para escuchar al maestro, me habían dicho antes, uno por uno, incluso si llegaban a más de doscientos»[27]. No es preciso imaginar que estas cosas que decía a sus hijos fueran simples fantasías o fanfarronerías de anciano. Vivió en una época en la que se ejercitaba mucho la memoria. Sin duda, también tenía originalidad, como se demuestra por su inteligente socarronería al recordar a un contemporáneo, a Fabio, que acudía a casa de su maestro Aurelio Fusco para practicar; dice que Fabio imitaba al maestro con tanto ahínco que «llegó a tener que hacer más esfuerzo para deshacerse de su estilo que para reproducirlo»[28].

En la Roma de entonces, se distinguieron pronto varios oradores cordobeses (Marulo, Junio Galión, Victor Estatorio y otros, además de su amigo Porcio Latrón) y de otras ciudades hispanas (Catio Crispo, Gavio Silón y Clodio Turrino, entre los más famosos). Esta presencia de hispanos en Roma había comenzado hacía décadas: ya Cecilio Metelo, tras las Guerras Sertorianas (80-72 a.C.), había vuelto a Roma acompañado de un grupo de poetas cordobeses[29]. Sin duda, no le hubiera resultado difícil al padre de Séneca seguir una carrera como orador[30], pero optó por otro camino.

Por más que el padre de Séneca dispusiera de una desahogada fortuna, no es posible imaginarlo en Roma dedicado sólo al aprendizaje cultural. Antes, como ahora, el mundo de los negocios era muy opaco, y nada preciso sabemos de las actividades financieras del padre de Séneca. Pero mantener la vida social como un caballero y, más tarde, sostener a una familia en Roma exigían gastos superiores a los de un simple provinciano rentista. Las sedes de las grandes sociedades de accionistas, las que operaban en las diversas provincias del Imperio se encontra-

---

[27] Séneca Rétor, *Controversias,* pref., 2.

[28] Séneca Rétor, *Controversias*, II, pref., 1.

[29] Cicerón, *Pro archia*, 10, 26, dice que tales poetas eran de dudoso gusto literario.

[30] El propio Quintiliano, *Instituciones oratorias*, IX, 2, 42-43; IX, 2, 98, apreciaba mucho sus conocimientos de oratoria.

ban en Roma[31]. Y los caballeros estaban inmersos en esas sociedades.

Precisamente, en época del padre de Séneca, se produjo un gran viraje en las relaciones comerciales entre Hispania y Roma. Desde entonces, el aceite y el vino hispano, ante todo el procedente de la Bética, llegaban a Roma y comenzaban a competir con los productos de la propia Italia[32]. De los primeros vinos enviados, que fueron objeto de burlas por los romanos[33], se pasó pronto a la exportación de vinos de calidad (los de Jerez, los catalanes y algunos baleáricos)[34]. Y lo mismo sucedió con el aceite de Córdoba, que fue pronto comparado con el mejor de Italia, con el de Venafro[35]. La producción y venta de aceite y de vino sirvieron para incrementar las rentas de las oligarquías hispanas[36].

En ese contexto de provinciales que acudían a Roma para ampliar su cultura, integrarse en la administración central o bien representar y ampliar los negocios familiares —a veces, combinando todas esas actividades—, debe situarse el padre de Séneca. Hemos de ver también en él a uno de lo s hispanos que comenzaron a establecer vínculos estrechos de amistad y colaboración con otros provinciales llegados de la Galia Narbonense; un buen exponente era el galo Trogo Pompeyo, reconocido en época de Augusto como un buen historiador[37]. Como ya se ha advertido, se

---

[31] Entre los muchos estudios sobre el particular (E. Badian, 1972; M. R. Cagnat, 1966; S. J. Laet, 1949), sigue resultando una buena síntesis el trabajo de J. A. Arias Bonet, 1948-1949, pp. 218 y ss.

[32] Hasta entonces, era Italia la que exportaba vinos a la Bética: véase Cicerón, *De República*, III, 9, 16; con comentario en P. Sáez, 1987, pp. 48-49.

[33] Ovidio, *Arte de amar*, III, 645; Juvenal, *Sátiras*, V, 26.

[34] Plinio, *Historia natural*, 14, 71; Marcial, *Epigramas*, XIII, 124.

[35] Las alabanzas al aceite de Venafro son muy frecuentes: véase Plinio, *Historia natural*, 15, 8; Varrón, *Agricultura*, I, 2, 6; Horacio, *Odas*, 2, 6, 12; Horacio, *Sátiras*, 2, 4, 69. Para el poeta hispano Marcial, *Epigramas*, XII, 63, 1, el aceite de Córdoba era mejor que el de Venafro.

[36] Bien analizado en P. Sáez, 1987, pp. 219 y ss.

[37] Trogo Pompeyo escribió una historia universal en 44 libros, que se ha perdido. De sus *Historias filípicas* sólo nos ha llegado un resumen hecho en el siglo II por Justino.

terminó formando en Roma un auténtico clan de hispanos[38], que siguió muy vinculado al grupo de los galos; así, no fue casual que, más tarde, la segunda mujer de Séneca hijo, Paulina, procediera de una rica familia de la Narbonense.

El padre de Séneca volvió a Córdoba el año 5 a.C., cuando tenía 51 años, para casarse con Helvia Albina, una joven de 15 ó 16 años. Desconocemos si éste era su primer matrimonio; en todo caso, fue el que mantuvo el resto de su vida. Por más que hoy resulte llamativo, a nadie de su época debió extrañar la diferencia de edad con su mujer, pues no era un caso nada excepcional en la Roma antigua. Cuando el austero Catón, recordado siempre como modelo de las viejas costumbres romanas, enviudó siendo muy mayor, comenzó a vivir con la hija adolescente de su capataz, con la que terminó casándose. Además de que los médicos recomendaban estos matrimonios con chicas jóvenes por ser buenos —decían— para los ciclos biológicos de la mujer, tampoco era ajena a este tipo de matrimonios la valoración de la mujer sumisa y el deseo de garantizar una descendencia de padre conocido, pues no resultaba tan fácil de obtener con una mujer un poco mayor ante la libertad de relaciones sexuales de que gozaban muchas mujeres de las altas capas sociales de Roma. Además, el padre de Séneca no se caracterizaba por haberse adaptado a las nuevas formas de vida: habla de la «juventud ociosa que no busca ninguna actividad honesta», de la «juventud afeminada dada a los cantos y a la música», y de esos jóvenes que van con «los cabellos ondulados, las voces finas para imitar las dulces modulaciones femeninas, los movimientos blandos, las obscenas elegancias en el vestir»[39]. Tales ideas nos indican también los criterios que aplicó en la educación de sus hijos. De hecho, su hijo Séneca repite más tarde sus palabras, casi textualmente[40].

---

[38] La oligarquía más fuerte de la ciudad de *Tibur* (Tivoli), vecina a Roma, estaba formada por hispanos, como ha demostrado R. Syme, 1982- 1983, y testimonia bien la epigrafía de aquella ciudad.

[39] Séneca Rétor, *Controversias*, pref., 7-8. La acusación de afeminamiento de los jóvenes la repite en otros pasajes: *Controversias*, II, 1, 6: «su cadencia era más lánguida que la de una mujer».

[40] Séneca, *Sobre la brevedad de la vida*, 12, 4, dice: «¿Qué decir de aquellos que se dedican con devoción religiosa a componer, escuchar, recitar cancioncillas con lánguidas modulaciones [...]?»

El padre de Séneca había vuelto a Córdoba para casarse con una provinciana, nada influida por las nuevas modas de Roma. Además, Helvia aportaba al matrimonio la vinculación con otra de las familias más ricas de Córdoba. Los Helvios de la ciudad de *Urgao* (Arjona) estaban emparentados con los de Córdoba y ambos grupos familiares constituían la elite de sus respectivas ciudades. Es posible que el senador Lucio Helvio Agripa, de la época de Nerón, perteneciera al grupo de los Helvios de Córdoba[41]. Otro dato que ilustra la posición de la madre de Séneca es el de saber que su hermanastra se había casado con Cayo Galerio, quien estuvo representando al emperador Tiberio como prefecto de Egipto desde el año 16 al 32. Ser prefecto de Egipto equivalía a ser la máxima autoridad en el país; para la población local, el prefecto ocupaba el lugar de sus anteriores reyes, mientras los romanos situaban a los prefectos de Egipto en un nivel semejante al de los procónsules, responsables del gobierno de una provincia[42].

En Córdoba, en el marco de esa capital provincial, cuya vida pacífica sólo podía alterarse por el trajín administrativo y por el ritmo de las fiestas, juegos y espectáculos, pasaron los primeros años de su matrimonio los padres de Séneca. Y allí, en Córdoba, nacieron sus tres hijos en las fechas que, con toda probabilidad[43], corresponden a las siguientes: el mayor, Marco Anneo Novato, nació el 4 a.C.; el segundo, Lucio Anneo Séneca, el 3 a.C., y el menor, Marco Anneo Mela, el año 1 d.C.

---

[41] Los Helvios se documentan como familias sobresalientes en varias ciudades béticas, situadas en el valle del Guadalquivir y unos pocos en el del Guadiana. No sabemos con exactitud si el senador Lucio Helvio Agripa procedía de Córdoba o de *Hispalis* (Sevilla): véase A. Caballos, 1990, p. 151.

[42] Así lo testimonia Tácito, *Historia*, 1, 11, 1; *Anales*, 12, 60, 3; y también el Digesto, 1.17.1; 40.2.21.

[43] Sobre la fecha precisa del matrimonio de los padres así como sobre la del nacimiento de cada uno de los hijos, deducidas a partir de comparaciones con alusiones diversas a hechos bien datados de la vida del propio Séneca o a otros acontecimientos externos a la familia, hay propuestas diversas que oscilan de uno a tres años. Realmente, no cambia nada la comprensión de Séneca, de su obra o de sus relaciones el repetir aquí tales discusiones o el intentar justificar si pudieron haber nacido un año antes o bien uno después de los indicados. Hemos optado por seguir una opinión muy común.

Durante años, se ha creído localizar la casa de los Séneca en la ciudad de Córdoba. La tradición, recordada por Ambrosio de Morales, no era desmentida aún en 1947, cuando Astrana presentaba su vida de Séneca e incorporaba incluso la foto de la que se creía casa de los Séneca[44].

La casa de la familia Séneca no se ha conservado, aunque la que pasa como casa de los Séneca presenta una fachada que se asemeja parcialmente a las casas romanas del siglo primero del Imperio[45].

Córdoba ofrecía muchas posibilidades para la educación de los niños. Desde el s. I a.C., ya contaba con profesores de gramática[46]. Conocemos el nombre de uno de ellos, de Asclepiades de Mirlea, uno de los más famosos gramáticos de mediados del s. I a.C., que vino a la Bética. Resultaba normal el desplazamiento de gramáticos, rétores y filósofos, que ejercían su profesión por distintas ciudades del Mediterráneo. Asclepiades había recorrido varias desde que salió de Mirlea, su ciudad natal enclavada en Bitinia, en el Asia Menor[47]. A pesar de ello, el padre de Séneca consideró que Roma ofrecía más posibilidades para el futuro de sus hijos.

Poco después del nacimiento del tercero y último de los hijos, la familia de los Séneca emigró a Roma. Lucio Anneo Séneca, hijo, comenzaba ya a manifestar síntomas de debilidad física; debió quedarse un tiempo en Córdoba hasta recuperarse de la enfermedad que padecía y, poco más tarde, fue llevado a Roma por

---

[44] L. Astrana, 1947, pp. 6 y ss., donde se recoge la mención de Ambrosio de Morales en la *Crónica general de España* (libro IX, cap. 9, p. 245): «[Séneca] fue natural de Córdoba, donde se muestra hasta agora una casa junto con la del Ayuntamiento de la ciudad, la cual creen fue de Séneca, y así la llaman».

[45] Si las generaciones posteriores se han sentido orgullosas con *su* Séneca, no sabemos aún si los Séneca fueron tan benefactores con sus conciudadanos como lo fueron otros; así, los Balbos de Cádiz, pues «[Balbo] les [a los gaditanos] construyó una segunda ciudad que llamaron Ciudad Nueva; el conjunto de las dos ciudades se llamó Ciudad Gemela [...] ; Balbo les construyó el puerto en la costa de enfrente de Cádiz», según Estrabón, 3, 5, 3. Sobre los Balbos de Cádiz, véase J. F. Rodríguez Neila, 1992.

[46] Suetonio, *Sobre los gramáticos y rétores*, 3, dice que los estudios de gramática eran florecientes en las provincias occidentales ya en el s. I a.C.

[47] Sexto Empírico, *Contra los gramáticos*, 47.

su tía, la hermanastra de su madre, la misma que le protegería después en otras ocasiones[48].

La educación durante la primera infancia tenía lugar en el seno de la familia y bajo la tutela de la madre o de la nodriza. Si la figura de la nodriza resultaba a menudo imprescindible por defunción de la madre o por carencia de leche de la misma, muchas mujeres, atendiendo a la moda o a razones estéticas, habían ido extendiendo la práctica de encargar la lactancia y los desvelos por los niños a nodrizas, contratadas temporalmente[49]. No sabemos si Séneca llegó a estar bajo el cuidado de alguna nodriza mercenaria; si fue así, no mantuvo con ella ningún vínculo posterior y, sin duda, tampoco pudo haber sido una de esas nodrizas que eran criticadas por hablar mal y hacer gestos desmedidos[50]. Parece más bien que su infancia estuvo marcada por los cuidados de la madre y por los desvelos de su tía materna, de la que no sabemos que tuviera hijos.

El desplazamiento de los Séneca a Roma no iba a ser un viaje sin retorno. En Córdoba seguían conservando parientes y gran parte del patrimonio familiar y allí volvían periódicamente. Córdoba fue el refugio de la madre después de quedar viuda en el año 39, y temporalmente también del hermano menor de Séneca que no adquirió más que ocasionales compromisos políticos. Pero el padre de Séneca sabía bien que sus hijos sólo podían superar su calidad de provincianos y ascender al rango senatorial en la capital del Imperio, una ciudad populosa y abigarrada donde casi todo era posible.

---

[48] Séneca, *Consolación a Helvia*, 19, 1, dice que fue llevado a Roma por su tía, *...illius manibus in Urbem perlatus sum*, y sigue diciendo que «estando enfermo, convalecí en su seno cariñoso y maternal durante mucho tiempo; ella desplegó su influencia en favor de mi cuestura, ella que no se atreve a hablar ni a saludar en voz alta, venció su timidez por cariño a mí».

[49] En la ciudad de Roma, en el Foro Olitorio y junto a la Columna Lactaria, se podían encontrar nodrizas: véase S. B. Platner - T. Ashby, *A Topographical Dictionary of Ancient Rome*, Londres, 1929, voz «C olumna lactaria».

[50] Los médicos daban consejos muy precisos sobre las condiciones de las buenas nodrizas (se preferían con edades entre los 20-40, debían seguir una dieta adecuada, se recomendaban las tracias y las egipcias...): véase J. Mangas, 2000, pp. 223 y ss. Testimonios de crítica de las nodrizas hay muchos: Cicerón, *Bruto*, 210-211; Tácito, *Diálogos*, 28; Quintiliano, *Instituciones oratorias*, 1, 1, 3-5; 1, 1, 7-8.

2. Séneca y la promoción social por la cultura

Los padres de Séneca habían programado un futuro brillante para sus hijos en Roma. Ellos les ofrecían los medios económicos necesarios. Sólo les faltaba crecer en un medio cultural favorable y establecer relaciones personales con miembros de las altas familias senatoriales.

En pocas épocas del pasado histórico se ha valorado tanto a los hombres de cultura como en el Imperio Romano, salvando siempre las situaciones en las que la cultura podía convertirse en una forma de oposición al régimen político establecido. Durante los años de la crisis de la República, todos habían respetado que una de las mentes más preclaras, la del historiador Salustio, abandonara la vida política activa para dedicarse plenamente a la indagación histórica; en lenguaje cortés actual, se diría que todos vieron bien que Salustio hubiera tomado una opción personal respetable. Y, aunque hubo otros casos semejantes, resultaba más habitual que el compromiso cultural no se considerara incompatible con la actividad política; y se podr ían poner muchos ejemplos, como el de Cicerón, el de Varrón, el de César y, en menor grado, el del propio Augusto, el de Germánico, uno de sus posibles herederos al trono imperial, o el de otros emperadores posteriores que llegaron a rivalizar con los senadores por su supuesta superioridad cultural. Más aún, al hombre de cultura se le abrían puertas cerradas incluso para muchas viejas familias senatoriales.

Los emperadores así como otros altos personajes de la vida política tenían —y mantenían también— a su lado a consejeros reputados por su cultura. Entre otros, un buen testimonio se encuentra en el emperador Augusto quien solicitaba habitualmente el consejo de los filósofos Areo, de la escuela peripatética, y de Atenodoro, un reconocido estoico[1]. Mecenas, mejor hombre de

[1] Suetonio, *Augusto*, 89, 2; Dión Cassio, 51, 16, 4; 52, 36, 4; 56, 43, 2.

negocios que poeta, perteneciendo al rango ecuestre, mantuvo un elevado prestigio social y la confianza personal de Augusto por su decidido apoyo a los hombres de letras. Suetonio califica a los componentes del círculo de Mecenas de «mesa de parásitos»[2]. Y tal valoración se confirma con casos como el del poeta Horacio, quien recibió el regalo de una villa en la Sabina del propio Mecenas, «una villa no muy grande, con un huerto y una fuente cercana de agua fresca, un poco de monte», pero suficiente como para servirle de refugio cuando escapaba del ajetreo de Roma y para proporcionarle los recursos económicos necesarios para una existencia tranquila y digna[3]. Según formulación de André, en época de Augusto, «la poesía representa el sueño de todos los jóvenes provinciales, más dotados que adinerados, el arma de los arribistas»[4]. Ello ayuda a entender por qué llegó a frivolizarse hasta el punto de que, como dice Horacio, «hijos y padres cenan con seriedad, con su cabeza coronada con hojas, mientras recitan poemas», pues «todos, ignorantes y cultivados, sin distinción, escribimos poesías»[5].

Otros, como Asinio Polión, sin asumir el compromiso de apoyar el régimen de Augusto, como hacía Mecenas, mantuvieron también un elevado prestigio social y no dudaron en prestar su protección a grandes poetas como a Galo y al propio Virgilio. Asinio Polión, alejado el año 38 a.C. de los compromisos políticos tras su fracaso de mediador pacifista en los enfrentamientos de fines de la República, siguió gozando de un merecido reconocimiento hasta su muerte (año 4 d.C.) por haber creado la primera biblioteca pública de Roma y haber introducido la práctica de los recitales literarios[6].

No sólo brillaban los poetas. Desde hacía años, había surgido el empeño de convertir a la capital del Imperio en el centro cultu-

---

[2] Suetonio, *Vida de Horacio*, 28, 5; una buena biografía sobre Mecenas, en J. André, 1967.

[3] Sobre esa villa, véase Horacio, *Sátiras*, II, 6, vv. 1-3, y, para otras valoraciones de la misma, vv. 4 y ss.

[4] J. M. André, 1974, pp. 69-70.

[5] Horacio, *Cartas*, II, 1, 108 y ss.

[6] Sigue siendo clásica y básica la monografía de J. André, 1949, sobre Asinio Polión.

ral del mismo. Para conseguirlo, se había empezado imitando el teatro griego —recordar las figuras de Plauto y Terencio—, y se terminó logrando que el teatro pasara a formar parte de la vida pública de las ciudades romanas. Se había cultivado un género histórico propio, la analística, para permitir tomar conciencia del pasado de Roma. Se han perdido los tratados sobre agricultura de los griegos y de los púnicos, pues dejaron de ser necesarios cuando los romanos los tradujeron, readaptaron y les añadieron las propias experiencias agrícolas de Italia y de las provincias; la tarea inicial le correspondió a Catón, más tarde a Varrón y a Virgilio y, durante el siglo primero del Imperio a estudiosos como Plinio el Viejo y Columela. Roma había añadido además el conocimiento de la agrimensura. La obra sobre arquitectura de Vitruvio es otra de las muestras que pueden recordarse. Los romanos tuvieron la gran virtud de asumir y difundir —no sin introducir innovaciones— todas las ramas de la cultura y del conocimiento de los pueblos sometidos, de modo particularmente intenso de los griegos.

Pero la administración del Imperio exigía juristas y oradores. Quien destacara en el ejercicio de esas materias gozaba aún de mayores posibilidades de promoción social que los poetas. Imprescindible para un buen orador era el conocimiento del pasado histórico, de donde se podían extraer ejemplos y argumentos para la defensa de cualquier proceso; no menos necesario resultaba el contar con una buena formación filosófica.

Cuando Séneca hijo, en su edad avanzada, reflexionaba sobre las artes, distinguía cuatro tipos: las artes vulgares o manuales, que hoy llamaríamos artesanado, que «contribuyen mucho a la mejora de las condiciones de vida, pero no se relacionan con la virtud»[7]; en segundo lugar, situaba a las artes «que tienen por objeto el placer de los ojos y de los oídos» (*artes ludricrae*), entre cuyos exponentes citaba a aquellos que eran capaces de construir máquinas ingeniosas con las que conseguir la admiración del público vulgar[8]. En el tercer grupo de artes (*artes liberales*), incluía a todas aquellas que podían aprenderse en la escuela del gramá-

[7] Séneca, *Cartas*, 88, 21.

[8] Séneca, *Cartas*, 88, 22.

tico (la lengua, la música, la aritmética y la geometría)[9]. El cuarto grupo, el de la filosofía, era para él el único que «tiene por objeto la virtud»[10]; por ello dice que, a la filosofía, junto a la astronomía y parcialmente a la geometría, corresponde incluirlas en el grupo de las artes libres (*artes liberae*).

Una clasificación semejante de las artes había sido hecha por Posidonio y por otros autores antiguos. Así, un médico como Galeno, defendía su profesión al decir que los médicos debían situarse en el tercer grupo por encima de los albañiles, canteros, gramáticos, pintores y maestros que pertenecerían al segundo grupo[11]. Filóstrato incluía a los rétores y oradores entre los que practicaban las artes liberales[12].

A la pregunta que podían hacerse algunos de por qué se educaba a los hijos en los estudios liberales, cuando por sí mismos no proporcionaban la virtud, Séneca responde diciendo que eran necesarios «porque preparaban el alma para recibirla»[13].

Séneca, como sus hermanos, pasó en Roma por todas las etapas de la educación que correspondía entonces a una persona de rango ecuestre que aspirara a promocionarse por la cultura. Durante la segunda infancia (entre los 7 y los 11 o 12 años), se acudía a la escuela de un maestro, *ludi magister*, donde se enseñaba lectura, escritura y nociones básicas de matemáticas. El Estado se desentendía de este nivel de enseñanza por más que se contemplara su existencia incluso en los distritos mineros[14]; los maestros eran pagados por los padres, pero sólo en los meses que durara el curso y los días en que el niño acudiera a la escuela. Aunque aún quedaban padres que preferían contratar a un maestro para que enseñara a los niños en la propia casa, era ya

---

[9] Las llama también «artes educadoras»; cf. Séneca, *Cartas*, 88, 23.

[10] Séneca, *Cartas*, 88, 23-24. A esta carta nº 88, le dedicó un estudio excelente y minucioso A. Stückberger, 1965, pp. 19 y ss., 31 y ss., donde analiza la construcción de la carta y las fuentes de la misma.

[11] Galeno, *Medicina y filosofía*, 5, 7.

[12] Filóstrato, *Vida de Apolonio*, 8, 7.

[13] Séneca, *Cartas*, 88, 20.

[14] Así, las leyes de las minas de *Vipasca*, Aljustrel, Portugal, contemplan la existencia de maestros de escuela a los que se concedía la exención del pago de impuestos; cf. *Vipasca*, I, 8, en J. Mangas - A. Orejas, 1999, p. 317.

más común asistir a una escuela en los años de la infancia de Séneca y de sus hermanos.

Los romanos concedían gran importancia a esos años en los que todavía se podían modelar «los corazones tiernos», pero nadie tomó una medida destinada a mejorar las pobres condiciones de vida de los maestros. A menudo, debían buscarse otros trabajos por horas para poder subsistir como aquel pobre maestro de Capua que, además de enseñar a los niños, «había escrito testamentos con toda probidad»[15].

Los niños de familias acomodadas, como eran los Séneca, tenían a su lado a un pedagogo o guardián, un esclavo doméstico, que les enseñaba juegos y deportes, los acompañaba a la escuela y permanecía allí hasta finalizar el horario de enseñanza; aunque no se refiere a los Séneca, se cuenta el caso de un pedagogo tan despierto que, sólo de escuchar, aprendió más que su amo y, tras conseguir la libertad, abrió su propia escuela[16]. Aunque Séneca no menciona a sus maestros de escuela, de sus escritos se deduce que su educación fue muy semejante a la de otros contemporáneos, pues, ya de mayor, consideraba que eran conocimientos inútiles muchos de los que habitualmente se impartían como el indagar sobre el antepasado de Homero o de Hesiodo, el querer saber la edad de Patroclo y de Aquiles u otras extrañas curiosidades[17]; a este respecto dice: «No tengo tiempo de escuchar si [Ulises] sufrió los azotes de la tormenta entre Italia y Sicilia o bien si los sufrió fuera de los límites del mundo conocido»[18]. En cierto modo Séneca respondía a quienes consideraban que un buen maestro de escuela, además de conocer las normas gramaticales, la historia y los escritores, debía estar preparado para saber «quién era la nodriza de Anquises, el nombre y la procedencia de la madrastra de Anquémelo, cuántos años vivió Aquestes y el número de jarras sicilianas que regaló a los frigios [...]. Exigidle que impida los juegos deshonestos y las libertades recíprocas, que vigile las manos y los ojos lascivos de tantos jóvenes»[19]. ¡Eran

---

[15] CIL X, 3969.

[16] Suetonio, *Sobre los gramáticos y rétores*, 23; cf. F. Bonner, 1984, pp. 55-70.

[17] Séneca, *Cartas*, 88, 5-7.

[18] Séneca, *Cartas*, 88, 7.

[19] Juvenal, *Sátiras*, VII, 229 -241.

demasiadas tareas para tan poco sueldo! Y no había llegado el momento de las tensiones sociales surgidas a partir de la difusión del cristianismo, cuando Casiano, cristiano y maestro de escuela, sufrió el martirio acribillado por los estiletes de sus rebeldes alumnos[20].

Aún vivía Augusto, cuando Séneca, a la edad de los doce o trece años, pasó al segundo nivel de la enseñanza, el de gramática, que se prolongaba hasta los 16 o 17 años. Esos estudios, que podía haber cursado también en su Córdoba natal, se orientaban al aprendizaje de las lenguas latina y griega, con análisis pormenorizados sobre la raíz de la palabras, los acentos, el ritmo, las palabras simples y compuestas..., además de prestar una gran atención a los escritores del pasado, cuyas obras eran objeto de resúmenes, explicaciones, intentos de corrección y valoraciones de su contenido. Para diversificar las clases, se impartían también conocimientos de música, métrica, astronomía e incluso nociones básicas de filosofía y de oratoria, que correspondían realmente al nivel superior. Los alumnos se servían de técnicas taquigráficas, las llamadas *notae Tironianae*[21], para tomar apuntes o hacer resúmenes de las explicaciones del gramático.

La picaresca mediterránea ya apareció entre los gramáticos, pues hubo algunos, como un tal Apión, que se servían de sus conocimientos p ara engañar a las gentes: «Apión, el gramático, quien recorrió toda Grecia durante el gobierno de Calígula y que fue saludado en todas las ciudades como un segundo Homero...»[22] Y tampoco debieron de ser excepcionales los gramáticos petulantes, pues, en palabras de Séneca: «La excesiva vinculación a las artes liberales conduce a que se creen hombres molestos, palabreros, intempestivos, pagados de sí mismos y, por ello, nada dispuestos a aprender lo necesario porque ya aprendieron lo superfluo. El gramático Dídimo escribió 4.000 libros. ¡Le compadecería si tuviera que leer tan gran número de vaciedades!»[23]

---

[20] El relato completo en Prudencio, *Peristéfano*, 9, 20-74.

[21] De ellas hablaba ya Cicerón, *Sobre el orador*, 1, 5; se siguieron empleando durante mucho tiempo: cf. Quintiliano, *Instituciones oratorias*, Proemio, 7.

[22] Séneca, *Cartas*, 88, 40.

[23] Séneca, *Cartas*, 88, 37.

Al no tratarse de una enseñanza oficial reglada, había gramáticos con niveles muy distintos de preparación, que también cobraban cantidades muy distintas por su trabajo. El padre de Séneca recordaba que, cuando él estudiaba, los mejores gramáticos eran libertos[24] y se puede añadir que, en su mayor parte, procedentes del mundo griego; unos años más tarde, en época de su hijo, había también hombres libres, descendientes de familias ricas venidas a menos. Como los gramáticos cobraban ordinariamente cuatro veces más que los maestros de escuela, estuvieron en condiciones de situarse también en una mejor posición social. Así, Ateyo Filólogo era amigo personal de Asinio Polión[25]; otro gramático, Julio Higinio, de origen hispano, fue nombrado por Augusto director de la recientemente creada biblioteca palatina[26]. Como ha resaltado Bonner, el prestigio de algunos gramáticos derivaba a veces del éxito posterior que tuvieran sus discípulos; así, el padre del poeta Estacio trasladó su escuela desde Nápoles a Roma y pudo estar orgulloso al comprobar que, de sus aulas, salieron gobernadores provinciales, magistrados, oficiales del ejército y sacerdotes[27]. Sin duda, el gramático que enseñó a Séneca debió también de sentirse orgulloso ante el éxito posterior de un alumno tan distinguido.

Cuando Séneca alude a esta fase de su enseñanza, ya estaba plenamente comprometido con el pensamiento estoico y, por lo mismo, valoraba ante todo los conocimientos que contribuyeran a que el hombre fuera más virtuoso. De joven, en cambio, debió seguir muy de cerca los consejos de los gramáticos, pues le sirvieron para dar forma literaria a sus tragedias; también compuso algunas poesías, que no han llegado hasta nosotros. Es probable que no haya que lamentar mucho tal pérdida a tenor de lo que decía siendo ya mayor: «¿De qué sirve todo eso [los conocimientos de gramática] para allanar el camino de la virtud? ¡Medir sílabas, definir exactamente las palabras, comentarios mitológicos, leyes del verso y composición rítmica! De todo eso ¿cuál quita el

---

[24] Séneca Rétor, *Controversias*, II, pref. 5.

[25] Suetonio, *Sobre los gramáticos y rétores*, 10.

[26] Suetonio, *Sobre los gramáticos y rétores*, 20.

[27] S. F. Bonner, 1984, pp. 91 y ss.

miedo, libra del deseo, frena las pasiones? Si consideramos la geometría y la música, no encontrarás nada en ellas que te impida temer o desear; para quien ignora eso último, cualquier otra ciencia es vana»[28]. Ya había dicho antes que la «única ciencia realmente liberal es la que le [al hombre] hace libre, la sabiduría[...], el resto no son más que pequeñeces y puerilidades»[29]. Y una valoración análoga hace de las aplicaciones de las matemáticas cuando dice que «un hombre no es más feliz si un equipo de administradores se cansa contando los ingresos de su patrimonio»[30]. Pero lo mismo que opinaba sobre esos conocimientos desde la perspectiva ética de su edad madura, demuestra que, siendo joven, debió aprenderlas muy bien, pues aún recordaba normas sobre la armonía en música y los métodos matemáticos empleados para medir las tierras[31].

Es posible imaginarse a un Séneca adolescente encontrándose un tanto ridículo al intentar aprender canciones para lo que no debía estar muy dotado y menos aún con su afección bronquítica crónica. Por ello, el inicio del tercer nivel de la enseñanza le debió equivaler a una auténtica liberación. En ese nivel, el de la retórica, además de prácticas de oratoria, se abría el campo para poder profundizar en el conocimiento de la historia y en el de la filosofía. Era también la edad en la que los jóvenes comenzaban a disfrutar de mayor libertad, pues, a los 16 o 17 años, celebraban el rito de abandonar la toga pretexta para tomar la toga viril; en esa ceremonia, los padres, familiares y amigos acompañaban al joven en el ascenso desde el foro romano hasta lo alto de la colina del Capitolio, donde se encontraba el altar de la diosa Juventud, ante el que se realizaban los ritos de paso.

Séneca tomó la toga viril e inició los estudios de retórica en los comienzos del gobierno de Tiberio, cuando aparentemente se iban a mantener las prácticas políticas, las libertades públicas y

[28] Séneca, *Cartas*, 88, 3-4; también dice que «había perdido el tiempo con el gramático» (*Cartas*, 58, 5), pero, en la misma carta, hace una extensa exhibición de conocimientos, muchos de los cuales los aprendió yendo a la escuela de un gramático. A veces, parece que cae en el tópico el atacar a los gramáticos.

[29] Séneca, *Cartas*, 88, 2.

[30] Séneca, *Cartas*, 88, 10.

[31] Séneca, *Cartas*, 88, 9-11.

las costumbres sociales de la época anterior de Augusto. El tiempo desvelaría que tales espectativas habían sido un puro espejismo.

Los estudios de retórica estaban plenamente sistematizados cuando Séneca los cursaba. Había buenos profesores y muchos tratadistas. Uno de los buenos maestros de retórica de entonces era Papirio Fabiano, a quien el padre de Séneca recomendaba a sus hijos[32]. Se seguía acudiendo a las doctrinas de Cicerón, a la lectura y análisis de sus discursos así como a sus tratados sobre la retórica[33]. Todo buen profesor escribía algún manual de apoyo para las clases; el propio padre de Séneca se decidió a escribir dos tratados con la finalidad de que fueran útiles para los estudios de sus hijos[34]. Y un poco más tarde, el hispano Quintiliano llegó a redactar una extensa obra en doce libros en la que se analizaban todos los pasos necesarios para la formación de un buen orador[35]. Quintiliano fue el primer profesor que comenzó a recibir un sueldo ordinario de 100.000 sestercios anuales de las arcas públicas del Estado por decisión del emperador Vespasiano. Tal reconocimiento público se culminó con el acceso de Quintiliano al consulado en época del emperador Domiciano[36]. Y una carrera semejante pudieron hacer otros rétores de épocas posteriores.

Resultaría interminable y sin duda tedioso el intentar resumir ahora los consejos dados por los tratadistas para la formación de un buen orador y que se solían tener en cuenta en las escuelas (reglas del bien hablar, conocimiento profundo del tema, técnicas del movimiento del cuerpo y de las manos...). Con una lectura pausada de Quintiliano —¡si se tiene suficiente paciencia para culminarla!—, se pueden encontrar las claves del buen orador.

Nos consta que Séneca, después de aprender las reglas, intro-

---

[32] Séneca Rétor, *Controversias*, pref. 1, 4.

[33] Las reglas técnicas de la oratoria las dio Cicerón con la práctica de sus discursos, muchos de los cuales se nos han conservado, y también de modo teórico, ante todo en sus obras *Retórica a Herenio* y *Sobre el orador*.

[34] Nos referimos a los ya mencionados, a las *Controversias* y a las *Suasorias*.

[35] Las *Instituciones oratorias* de Quintiliano han sido objeto de una excelente traducción y de acertados comentarios a cargo de J. Cousin, 1975-1980.

[36] Tácito, *Diálogos*, 29, 7.

ducía, en su práctica oratoria, sus técnicas particulares. Quintiliano le tenía bastante antipatía. Sin duda a instancias de otros, Quintiliano quiso justificarse cuando decía: «En este examen de todos los géneros literarios, he omitido intencionadamente a Séneca; se cree generalmente y con error que yo condeno a este escritor e incluso que lo detesto. Me sucede que, para orientar hacia un gusto más severo, aparto el estilo corrompido y lleno de todo tipo de defectos»[37]. La justificación de Quintiliano se parece a la que dan los profesionales rivales y educados: castigan al oponente con el silencio y, cuando tienen que referirse a él, presentan como defectos aquello en lo que no coinciden con ellos. En otros pasajes, Quintiliano no puede por menos de reconocer que «Séneca fue casi el único autor que estuvo en las manos de los jóvenes» o «los jóvenes le amaban, aunque no lo imitaban»[38]. El objetivo de Quintiliano era privar de valor a Séneca como orador, porque «su manera era diferente» a la suya. Cumplido ese objetivo, Quintiliano tiene un gesto de generosidad, desde su peana de orador prestigiado en su tiempo, al reconocer que «Séneca tenía numerosas y grandes cualidades, un talento fácil y fecundo, mucha dedicación, una vasta cultura [...] ha tratado casi todos los dominios del conocimiento [...] y, en filosofía, aunque descuidado, era único para denunciar los vicios»[39].

Quintiliano era un hombre de manual. Séneca, después de aprender los manuales, hizo una retórica viva y acorde con su personalidad y su pensamiento. Más aún, Séneca dijo inumerables veces que siempre estaba aprendiendo. Nunca se ató rígidamente a una escuela. Se le puede seguir bien en sus inclinaciones filosóficas: comenzó entusiasmándose con el pitagorismo, reconoció los valores del epicureísmo, fue amigo personal de un cínico conflictivo como Demetrio y terminó comprometiéndose con una visión particular del estoicismo.

En la Roma de Séneca, ya no era necesario que los jóvenes de las altas capas sociales acudieran a las ciudades griegas (Atenas, Rodas, Antioquía...) para aprender retórica y filosofía. Antes,

---

[37] Quintiliano, *Instituciones oratorias*, X, 1, 125.

[38] Quintiliano, *Instituciones oratorias*, X, 1, 125-127.

[39] Quintiliano, *Instituciones oratorias*, X, 1, 128-131.

durante la República, tales jóvenes habían tenido que ir muchas veces a Grecia, porque allí estaban los mejores maestros y porque muchas familias senatoriales veían un peligro en esa moda helenizante y consiguieron en varios momentos que el Senado aprobara decretos para expulsar de Roma a los filósofos y rétores.

En la Roma de Séneca, se podía encontrar todo tipo de escuelas de retórica y de filósofos. Mientras los romanos habían empezado a competir con los profesores griegos de retórica, los filósofos seguían siendo en su mayoría de origen griego. Entre las excepciones, se encontraba Quintio Sextio, quien llegó a rechazar una magistratura de rango senatorial, propuesta por César, para dedicarse a la filosofía[40]. Entonces, como en otras épocas, ser joven y ser un joven culto implicaba no sólo aprender lo exigido en la escuela de retórica, sino acudir a recitales poéticos, a lecturas públicas de nuevas obras, a conferencias sobre filosofía... y también, ¡cómo no!, a los espectáculos públicos y a las primeras experiencias sexuales que se conseguían a módicos precios en el barrio populoso de la Subura.

En su juventud, Séneca se entusiasmó durante un tiempo por la filosofía pitagórica; sin duda deslumbrado por Sotión, un filósofo llegado de Alejandría[41] y también por encontrar en los pitagóricos respuestas a muchas preguntas que no eran atendidas por sus maestros de retórica. Según san Jerónimo, Sotión tuvo su momento de máximo prestigio hacia el año 13[42]. Los rasgos ascéticos y religiosos del pitagorismo habían condicionado siempre su carácter de filosofía adoptada por grupos reducidos. Para algunos, presentaba el atractivo de que sus seguidores constituían una organización comunitaria en la que se cuidaba el mantenimiento de los vínculos de solidaridad entre el grupo. ¡Eso era un fuerte atractivo para un joven inquieto! Resulta difícil distinguir hasta dónde llegaba el pensamiento de Pitágoras (segunda mitad del s. VI a.C.) y dónde comenzaban las doctrinas de sus seguido-

---

[40] Séneca, *Cartas*, 98, 13; la admiración de Séneca por Sextio, a quien sólo conoció por sus escritos, fue grande: véase, entre otros, M. T. Griffin, 1976, pp. 37-39.

[41] Suetonio, *Gramáticos,* 18; Séneca Rétor, *Controversias*, 2, pref. 4.

[42] Jerónimo, *Cronicón*, 171b.

res. En todo caso, parece que eran ideas compartidas por todos los pitagóricos la de la transmigración de las almas o metempsícosis y la explicación del mundo terrenal y astral por medios matemáticos; defendían también la existencia de un ser divino, más espiritual y abstracto que los dioses del paganismo grecorromano[43].

Si, conforme a los pitagóricos, las almas de los difuntos se reencarnaban en otros seres vivos, se imponía la obligación de no comer carne. Y Séneca, en consecuencia, se hizo vegetariano ante el disgusto de la familia. La preocupación familiar no se derivaba de la incomodidad de mantener a un vegetariano en un medio de comensales omnívoros. El padre le advirtió que ser vegetariano, en ese momento, podía acarrear represalias políticas, pues Tiberio no era Augusto por más que intentara imitarlo.

Tiberio había asumido la política religiosa de Augusto, la de revitalizar la religión romana, pero la estaba llevando a sus últimas consecuencias. Así, los judíos de Roma incluso lamentaron en sus sinagogas la muerte de Augusto y los devotos de algunos dioses orientales, como los de la diosa egipcia Isis, pudieron seguir practicando sus ritos bajo el gobierno de Augusto[44]. Pero los tiempos políticos habían cambiado. Ya en el año 16, Tiberio había ordenado la expulsión de Roma de los astrólogos y magos[45]; el año anterior, habían sido expulsados los histriones[46]; después de ordenar también la erradicación de los cultos orientales de Roma, en el año 19, se ordenó la expulsión de los judíos con el pretexto de que acudían muchos a Roma y se estaban produciendo frecuentes conversiones al judaísmo[47]. Entre los judíos y los devotos de la diosa egipcia Isis, se aconsejaba también abstenerse de comer carne. Y Tiberio seguía endureciendo medidas contra toda forma de manifestación social que rompiera el orden social y religioso dominante. En ese contexto, el padre de Séneca

---

[43] Entre los muchos estudios, véase F. Copleston, 1994, pp. 43-50; F. Martínez Marzoa, 1973, pp. 77 y ss.

[44] J. Bayet, 1984, pp. 164 y ss.

[45] Tácito, *Anales*, 2, 32.

[46] Tácito, *Anales*, 1, 76.

[47] Dión Casio, 57, 18, 5.

tenía motivos para preocuparse por su hijo, quien terminó haciendo caso a los consejos paternos y abandonó la militancia en el pitagorismo y su manifestación más peligrosa, la de ser vegetariano[48].

Séneca había abandonado su régimen vegetariano, pero, de esa experiencia, le quedó siempre el desprecio hacia los amantes del refinamiento en la comida. Lo concretó en frecuentes ataques a su contemporáneo Apicio del que nos ha llegado un recetario de cocina con menús difícilmente comestibles hoy, salvo para estómagos bárbaros[49]. Apicio, que se hacía traer caza de más allá de Fasis, en el Cáucaso, aves de Partia y pescados de los mares más lejanos para poder ofrecer banquetes refinados, había elevado el placer de comer a la máxima categoría[50]. Había conseguido que algunos, en palabras de Séneca, «vomitan para comer y comen para vomitar»[51]. Séneca relató con dureza la muerte de Apicio, quien se suicidó con un veneno al comprobar que se había gastado tanto en comidas que ¡sólo le quedaban diez millones de sestercios! «Qué corrupción —añade Séneca— ¡diez millones de sestercios, la miseria! [...] Ese último brebaje, el veneno, es lo más saludable que haya absorbido ese ser depravado»[52]. No sería imposible que Séneca formara parte del grupo que gastó a Apicio una pesada broma: convencerle de que los mariscos más exquisitos se encontraban no muy lejos de Cartago y estimularle así para hacer un viaje de balde, pues sólo pudo encontrar los mismos pescados que podía comer en cualquier puerto de Italia.

El joven Séneca abandonó la militancia pitagórica, pero ya no se despegó de la necesidad de mantener estrechos vínculos con los filósofos en los que encontrar explicaciones globales sobre el mundo y la existencia humana. De esos años de juventud vienen sus primeros contactos con los filósofos cínicos.

---

[48] Séneca, de mayor, se quejaba de que estaban desapareciendo las escuelas filosóficas sin que hubiera sucesores y que «aquella envidiosa secta pitagórica no encuentra un maestro»: véase Séneca, *Cuestiones naturales*, 7, 32, 1-2.

[49] Véase Apicio, *Sobre el arte culinario*, en la edición de J. André, 1965.

[50] Séneca, *Consolación a Helvia*, X, 3-5; 8-11; *Cartas*, 95, 42.

[51] Séneca, *Consolación a Helvia*, X, 3.

[52] Séneca, *Consolación a Helvia*, X, 9-10.

No había mucha diferencia entre la moral predicada por los cínicos y la que defendían los estoicos. Los cínicos hablaban para las masas populares y los estoicos para las elites cultas. Los cínicos decían la verdad sin frenarse ante las consecuencias de sus palabras; los estoicos, más prudentes, decían sólo la verdad que estaba permitido decir. Los estoicos predicaban la austeridad y la pobreza, los cínicos vivían pobremente.

Si ser pitagórico podía ser arriesgado para quien pretendiera seguir una carrera política, ser cínico equivalía a una automarginación social. Además de ser imprudentes, algunos cínicos eran auténticos farsantes, socialmente desprestigiados, que sólo tenían de cínicos la suciedad en el vestir y las formas de vida extravagantes. El cinismo tampoco podía ser un camino para Séneca, pero conoció bien a sus seguidores y no dejó de valorar muchas de sus virtudes. Así, amigo personal suyo fue el cínico Demetrio, por el que Séneca mostró siempre una gran admiración. Valoraba la coherencia entre la doctrina y la vida real de Demetrio; cuando ya era mayor, Séneca decía: «Realmente oigo con otra disposición lo que dice nuestro Demetrio. Yo lo he visto desnudo, acostado sobre lo que no llega a ser ni un jergón: no es un profesor de la verdad, sino un testigo de ella»[53]. Y para Séneca, Demetrio fue siempre una fuente de autoridad, de la que recoge muchas ideas acordes con su pensamiento.

El merecido éxito que había tenido, a fines de la República, la obra de Lucrecio, el primer romano que hizo la exposición más extensa de las ideas epicúreas[54], había contribuido a que aún hubiera seguidores del epicureísmo en Roma. Séneca llegó a conocerlo muy bien y se sirve de sentencias de Epicuro en diversos escritos. Pero la personalidad e inteligencia de Epicuro (nacido en el 342-341), considerado un ser divino, obnubiló a todos sus seguidores

---

[53] Séneca, *Cartas*, 20, 9. Y a Demetrio alude en otros muchos pasajes de sus obras; así, entre otros, Séneca, *Cartas*, 62, 3; *Sobre la brevedad de la vida*, 18, 3; *Sobre los beneficios*, 7, 1, 7.

[54] El título de la obra de Lucrecio, *Sobre la naturaleza*, era una traducción del título de otra obra de Epicuro, por más que el contenido no fuera exactamente igual. La antigua traducción de la obra de Lucrecio por J. Marchena (Madrid, Ed. Ciencia Nueva, 1968) queda enriquecida por la introducción y notas de D. Plácido.

que tomaron su doctrina como un dogma inalterable. Los filósofos epicúreos de comienzos del Imperio no explicaban en Roma otros contenidos que los defendidos por Epicuro unos siglos antes.

Séneca fue uno de los pocos romanos que comprendió que la doctrina de Epicuro sobre el placer —el fin de la vida es el placer, había dicho— iba más allá de la interpretación vulgar. Epicuro hablaba realmente del placer que dura toda la vida, del placer de la serenidad del alma y del placer intelectual, lo que distaba mucho de una defensa de los placeres momentáneos como algunos habían entendido.

En la búsqueda del sistema filosófico que mejor se adaptara a sus proyectos políticos, Séneca terminó descubriendo el mundo de la filosofía estoica, guiado de la mano de su maestro Atalo. Pues Séneca recuerda que «Epicuro había dicho: "No participará en política el sabio a no ser que suceda algo." Y Zenón (estoico) dice: "Participará en política a no ser que algo se lo impida." El uno pretende el ocio como punto de partida y el otro como consecuencia»[55].

Séneca, ya mayor, decía que se podía optar por tres tipos de vida: por la entregada al placer, por la entregada a la contemplación y por la entregada a la acción[56]. Al abrazar el estoicismo, él mismo había optado por las dos últimas a la vez.

Desconocemos la vida privada del joven Séneca que vivía como él dice en una «ciudad lujuriosa»[57]. Sin duda, debió de asistir al teatro, a los grandes fiestas que acompañaban a muchos rituales religiosos y, también, junto a otros jóvenes, a los juegos de circo. De ellos ofrece a veces noticias muy precisas; así, recuerda la queja del gladiador Thriumphus de que no le pusieran a buenos oponentes y otros detalles de la vida circense[58]. Cuando hace valoración de tales juegos dice: «Semejantes juegos no merecen atraer la mirada de los dioses; son pasatiempos infantiles y hechos para la frivolidad humana»[59]. Eran además espectáculos de

---

[55] Séneca, *Sobre el ocio*, 3, 2-3.

[56] Séneca, *Sobre el ocio*, 7, 1-3.

[57] Séneca, *Consolación a Marcia*, XXII, 2.

[58] Entre otros pasajes, véase Séneca, *Sobre la prudencia*, III, 4; III, 5; IV, 4.

[59] Séneca, *Sobre la providencia*, II, 8.

masas y Séneca sentía profunda antipatía por las aglomeraciones[60].

Al fin de su juventud, terminados sus estudios de retórica y preparado para intervenir en la vida política, Séneca podía ya casarse. Pero desconocemos la fecha de su primer matrimonio con una joven de la que no sabemos siquiera el nombre. De ella tuvo un hijo, Marco, que nació en el año 39, por lo que es posible que el matrimonio hubiera tenido lugar después de su regreso de Egipto. Se ha supuesto que su mujer pudo haber muerto de parto, pero tampoco es imposible la hipótesis de algunos autores modernos que han sospechado que la pareja fue infeliz y terminó separándose[61], porque Séneca había cometido el error de elegir a una de las muchas jóvenes de costumbres licenciosas. Y si fue así, ¿qué hacía casada con un filósofo?

Sobre la licencia de las mujeres de esa época hay una información abundante. Dice el historiador Tácito que, en el año 19, se tuvieron que emitir decretos rigurosos del Senado con el fin de «poner freno a la desvergüenza de las mujeres»; entre otras medidas, se prohibió que pudieran ejercer la prostitución las que tuvieran «a un caballero romano por abuelo, padre o marido». Por supuesto, la medida valía igual para las de rango senatorial. Una primera aplicación de tales decretos recayó sobre Vistilia, esposa del caballero Tito Labeón, que fue enviada al destierro a la isla griega de Sérifo[62].

A un caso semejante, si no es el mismo, alude Suetonio quien añade que las mujeres que habían perdido la reputación, «para evitar las sanciones legales, renunciaban a los derechos y a la dignidad de matronas»[63]. Y tenían que renunciar porque, desde ahora, si el marido era un consentido y no las repudiaba, podía hacerlo cualquier pariente.

Tales decretos senatoriales los podía haber aprobado el propio Séneca, si hubiera tenido edad para pertenecer al Senado.

---

[60] Entre otras referencias, véase Séneca, *Sobre la felicidad*, 1, 3.

[61] M. T. Griffin, 1976, p. 34, no es partidario de admitir la hipótesis de O. Rossbach (*RE*, I, col. 2243) sobre la infelicidad matrimonial de Séneca.

[62] Tácito, *Anales*, II, 85.

[63] Suetonio, *Tiberio*, XXXV.

Naturalmente, las leyes no resolvían de una vez el cambio de costumbres. Unos años más tarde, Séneca ponía como ejemplo de desvergüenza a un tal Opimio quien se dedicaba a perseguir a las mujeres de los otros, abiertamente, mientras dejaba a la suya a la entera disposición de los demás[64].

El mantenimiento de un elevado nivel de vida y de consumo, el lujo, estaba en la raíz de muchas de esas conductas. El Senado también intervino para frenar el exceso de lujo en el año 16[65] y con medidas más severas en el año 22. Al parecer todos habían olvidado una ley parecida, la ley suntuaria, que había hecho aprobar Augusto el año 22 a.C. Cuando el propio Tiberio les preguntaba a los senadores que por dónde creían que era mejor intervenir, reflejaba algunas manifestaciones de esa vida de lujo: «¿Qué debo prohibir primero? [...] ¿Las inmensas extensiones de las villas?, ¿el número y procedencia de los esclavos?, ¿las cantidades de oro y plata?, ¿los bronces y cuadros maravillosos?, ¿los vestidos [...] con sus pedrerías por los cuales pasan nuestras riquezas a pueblos extranjeros o enemigos?»[66].

Y el exceso de gastos de los jóvenes, que no podía ser costeado por los padres, estaba también trastocando las viejas costumbres. Suetonio dice que había «jóvenes libertinos, de los dos rangos (senatorial y ecuestre), que, para no caer en las prohibiciones del Senado de no aparecer en el teatro o en el circo», ocultaban su estatuto social[67]. Y tenemos plena certeza de que las cosas eran así, pues una plancha de bronce, hallada hace poco en la antigua ciudad italiana de Larino, confirma esa información. El ansia de dinero estaba corrompiendo las viejas costumbres romanas, pues sabemos bien que los actores de teatro y los gladiadores se reclutaban entre los esclavos y libertos o libres de bajas capas sociales.

La severidad ya demostrada de Tiberio contrastaba con la bondad y popularidad de Germánico, su sobrino e hijo adoptivo. Por más que los historiadores antiguos hayan querido hacer

---

[64] Séneca, *Sobre los beneficios*, I, 9, 2-5.

[65] Dión Casio, 57, 15, 1.

[66] Tácito, *Anales*, III, 53; con todos los detalles de la discusión en III, 52-55.

[67] Suetonio, *Tiberio*, XXXV.

creer que Tiberio miraba con recelo a Germánico[68], diversos hechos relatados por ellos mismos desvelan lo contrario, pues Germánico había recibido los honores del triunfo —Tiberio se gastó en tal celebración sesenta millones de sestercios— a pesar de una dudosa campaña militar contra los germanos; más aún, Germánico se permitió ir a Egipto sin permiso del emperador y, movido de la piedad, abrir los graneros a las capas populares de Egipto ante el riesgo de desabastecimiento de Roma. Séneca se encontraba en Roma, cuando el pueblo romano, tras enterarse de la muerte de Germánico en Oriente el año 19, se echó a la calle y no dudó en castigar a los dioses por haber permitido tal pérdida: «se arrojaron piedras contra los templos, se volcaron los altares de los dioses, algunos particulares tiraron a la calle los lares familiares o expusieron a sus hijos recién nacidos»[69]. Sería hacer historia ficción el aventurar si hubiera cambiado mucho la política de Roma sin la prematura muerte de Germánico[70]. No lo es, en cambio, el recordar que, de los siete hijos de Germánico, uno de ellos, Calígula, fue más tarde emperador, y una de sus hijas, Agripina, se casó con el emperador Claudio, quien era hermano de Germánico. La vida de Séneca se desarrolló marcada por las relaciones con la familia de Germánico.

Sin haber pasado por la necesidad de simular nunca su rango social para ejercer de actor o de gladiador, Séneca había culminado sus estudios de retórica y tenía ante sí la posibilidad de iniciar la carrera de los honores políticos. Para ello, aportaba además el respaldo de su familia, un reconocido prestigio para su edad y una preparación para acceder del rango ecuestre al senatorial. Para este último paso, necesitaba apoyos especiales de quien mantuviera buenas relaciones con el emperador o con quien ya comenzaba a ser su brazo derecho, Lucio Elio Sejano, el prefecto del pretorio.

---

[68] Suetonio, Tiberio, 57; Dión Casio, 57, 3-7; Tácito, *Anales*, 2, 72-73; 2, 83.

[69] Suetonio, *Calígula*, 5. Véase J. Mangas, 1977, con una una discusión sobre las relaciones entre Tiberio y Germánico y una selección bibliográfica sobre el tema.

[70] Gneo Pisón fue acusado y condenado como responsable de la muerte de Germánico. Tácito, *Anales*, 2, 74; 3, 13. Ahora disponemos de varias copias del decreto de condena de este senador: véase W. Eck - A. Caballos - F. Fernández, 1996.

3. Enfermedades y primeros fracasos políticos

Séneca comenzaba ya a obtener sus primeros éxitos como orador. Parecería que se le presentaba un inminente y brillante futuro político, pues su tío, Cayo Galerio, nombrado prefecto de Egipto en el año 16, seguía manteniendo la confianza del emperador Tiberio. A su vez, varios amigos de su padre formaban parte del círculo de Sejano, el prefecto del pretorio de Roma; entre ellos sobresalía Junio Galión, quien, más tarde, adoptó como hijo a Novato, el hermano mayor de Séneca.

Sejano, aunque de rango ecuestre, era el hombre más poderoso del Imperio detrás del emperador. Las tropas pretorianas de elite, distribuidas hasta entonces en varios destacamentos dispersos por Italia, acababan de ser concentradas en Roma, en un solo cuartel, aún hoy visible, situado en el monte Viminal. Estas tropas, las más prestigiadas del Imperio, iban a desempeñar un papel político de primer orden en el mantenimiento de los emperadores y en las coyunturas de la transmisión del poder imperial. Durante unos años, fueron las tropas clientes de Sejano, pues éste había tenido la facultad de seleccionar a todos los jefes de las mismas[1].

Para el historiador Tácito, en el año 23, «la fortuna comenzó repentinamente a desbaratar todo [...] El principio y la causa fue Elio Sejano»[2]. Podría parecer que Tácito, simpatizante de las elites senatoriales[3], se ceba demasiado en Sejano; incluso llega a relatar la maledicencia de que había quienes decían que Sejano se

---

[1] Tácito, *Anales*, 4, 3, 1-2. Sobre Sejano son básicos los estudios de D. Hennig, 1975 y de C. Christ, 1956. Desde el año 14, Sejano había quedado asociado a la prefectura del pretorio, que era un cargo colegiado: véase A. Passerini, 1939, pp. 214 y ss.

[2] Tácito, *Anales*, 4, 1; Dión Casio, 57, 19, 1, 57, 19, 5.

[3] Bien analizada la afiliación y simpatías políticas de Tácito en R. Syme, 1958 y 1970.

había dejado sodomizar por el rico derrochador Apicio, lo que era la máxima indignidad para un romano[4]. Pero Tácito no deformaba la realidad histórica, pues otros autores antiguos coinciden en ese diagnóstico de que el gobierno de Tiberio sufrió un viraje desde el encumbramiento de Sejano, momento en el que comenzaron a ser frecuentes los procesos contra senadores y caballeros[5].

Séneca no tenía motivo alguno para temer represalias de Sejano, pero, en torno a esas mismas fechas, también la fortuna comenzó a abandonarle. Dice escuetamente en una de sus cartas: «Yo era ayer un joven frecuentando la escuela del filósofo Sotión, ayer comencé a defender causas, ayer dejé de querer hacerlo, ayer no podía hacerlo»[6]. Como en otras muchas ocasiones en las que Séneca ofrece algún dato autobiográfico, resulta también ambiguo el tiempo preciso de ese «ayer». Pero sabemos que, siendo joven y después de sus primeros éxitos como orador, tuvo que alejarse de la actividad pública por encontrarse muy enfermo. Buscó refugio en su villa cercana a Pompeya. Séneca tenía entonces cerca de 25 años.

En la obra de Séneca, hay muchas noticias sobre sus enfermedades. A lo largo de su vida padeció cinco importantes: tuberculosis pulmonar, asma, neurosis de convalecencia, enfermedades oftálmicas y gota o artritis reumatoidea[7]. Mientras que las dos últimas afectaron a Séneca en los últimos años de su vida, la tuberculosis pulmonar y el asma fueron sus constantes compañeras, desde su adolescencia. Ya siendo muy pequeño había tenido que quedarse un tiempo en Córdoba hasta restablecerse, cuando su familia emigró a Roma. Como otros muchos adolescentes, de-

---

[4] Dión Casio, 57, 19, 5, dice también que Sejano fue amante de Apicio durante algún tiempo. Los romanos, que no condenaban las relaciones homosexuales, tenían mala consideración de aquellos que desempeñaran la actitud pasiva: cf. J.-N. Robert, 1999, pp. 135 y ss.

[5] Aunque conforme con lo fundamental, Dión Casio, 57, 19, 1, al querer contrastar a Germánico con Tiberio, pone el comienzo del viraje de Tiberio en el año 20, tras la muerte de Germánico.

[6] Séneca, *Cartas*, 49, 2.

[7] El análisis más exhaustivo de las enfermedades de Séneca se lo debemos a P. Rodríguez Fernández, 1976, p. 35 y *passim*.

bió mantener una afección pulmonar latente que no curó bien y se le manifestó con virulencia cuando comenzó a realizar esfuerzos especiales durante sus primeros discursos en público. El propio Séneca describe todos los síntomas en una de sus cartas a su amigo Lucilio: «Porque soy buen conocedor de este tipo de afección, me da pena de ti por el catarro que padeces con tanta frecuencia acompañado de accesos de fiebre, consecuencia de largos resfriados convertidos en crónicos. En sus comienzos, yo no les hice ningún caso; entonces, mi juventud podía soportar las incomodidades y aguantar con fuerza las enfermedades. Después, sucumbí y llegué a tal punto que todo yo era un catarro y me quedé sumamente delgado. Muchas veces tuve impulsos de quitarme la vida, pero me contuve ante la avanzada edad de mi excelente padre. Pues pensé no en el coraje que yo tenía para morir sino en que él no podría soportar con tanta entereza mi pérdida. En consecuencia, me ordené seguir viviendo, pues, a veces, el vivir es un acto de valentía»[8].

La manifestación de la tubercolosis pulmonar le llegaba a un Séneca que, desde pequeño, sufría periódicos ataques de asma, a la que él llamaba *suspirium* y los médicos romanos la calificaban como «meditación de la muerte», *meditatio mortis*; es la enfermedad para la que el propio Séneca dice que había sido «casi destinado» al padecerla desde la infancia, la que le resultaba más penosa, pues —añade— «con las demás, se está enfermo, con ésta se entrega el alma»[9].

Con tales enfermedades, cualquiera podía haber apostado por un pronto fin de Séneca o, al menos, por el final de su carrera política. Pero, como él mismo dice, se había ordenado seguir viviendo pues «el vivir es un acto de valentía». Para Séneca, el vivir llevaba además consigo el no renunciar a ninguno de los grandes objetivos de su vida. Cumplir metas tan ambiciosas exigía algo más que el cuidado tradicional que recomendaban los médicos (aire sano, clima benigno, baños fríos...). Séneca llegó a ser un experto en remedios médicos y contó siempre con la amistad de

---

[8] Séneca, *Cartas*, 78, 1-2; un detallado estudio de todos los síntomas en P. Rodríguez Fernández, 1976, pp. 35-45.

[9] Séneca, *Cartas*, 54, 1-3.

un médico amigo, pero dio un paso más en la medicina de su época al desvelar la enorme fuerza del psiquismo para la curación del cuerpo. Partiendo de su principio de que todo lo que es perjudicial para el cuerpo, lo es también para el alma y a la inversa, Séneca orientó una parte de su vida al conocimiento de las enfermedades del alma y de sus remedios. Su obra está llena de referencias que testimonian sus agudas observaciones psicológicas; como ejemplo, entre otras muchas, puede recordarse el pasaje siguiente: «Si la ira fuera un bien ¿no nacería preferentemente entre los más perfectos? Pero nadie es más irascible que los niños, los ancianos y los enfermos. Pues todo lo que es débil es por naturaleza quejumbroso»[10]. Así, en su reflexión sobre las causas y estragos sociales de la ira, Séneca encontró remedios para su alma irascible, encerrada en un cuerpo enfermo.

Para Séneca, muchas enfermedades del cuerpo, ante todo las suyas, no se controlaban sólo habitando en lugares de clima benigno como los del golfo de Nápoles, acudiendo a baños de aguas medicinales, llevando un régimen alimenticio austero y haciendo ejercicios físicos moderados, cuidados que él siguió con regularidad. Se precisaba incorporar también el estudio habitual, las lecturas, la reflexión y el trato frecuente con amigos. Séneca consideraba —y lo aplicó consigo mismo— que sólo tenía validez una medicina integral, una terapia psicosomática, la que, desgraciadamente, se está perdiendo en nuestra moderna sociedad tecnificada.

Séneca marchó a recuperarse al golfo de Nápoles. Como muchos otros romanos de las capas sociales acomodadas, Séneca tenía también una villa cercana a Nápoles, que conservó hasta el fin de sus días. Junto a su villa estaban los lujosos baños de Bayas[11], a los que, a pesar de sus aguas medicinales, acudió pocas veces por estar siempre muy concurridos y por haberse convertido en el centro de lujo y de diversión de la oligarquía romana. Largos paseos, ligeros ejercicios físicos, una vida ordenada y el

---

[10] Séneca, *Sobre la cólera*, 1, 13, 5.

[11] Séneca, *Cartas*, 57, 1; *Cartas*, 70, 1-4. Su villa no debía estar lejos de la ciudad, pues le llegaba el clamor del estadio en los días en que se celebraban juegos de pelota, *sphaeromachia* (*Cartas*, 80, 1-3).

trato con amigos constituyeron su mejor medicina. Sin encontrarse plenamente restablecido, volvió a Roma, ciudad que no ofrecía buenas condiciones higiénicas por la concentración de población y los riesgos continuos de enfermedades.

De nuevo, su tía materna, la que le había llevado de pequeño a Roma, volvió a ser su tabla de salvación. Su marido, Cayo Galerio, seguía al frente de la prefectura de Egipto. Y Séneca marchó a Egipto con la esperanza de que los aires del mar durante la travesía y el clima de Egipto le permitieran una rápida recuperación física. Allí permaneció cuatro o cinco años, sobre los que guarda silencio en sus obras conservadas.

Alejandría, fundada por Alejandro Magno, había sido la capital de los reyes de Egipto durante la época helenística. El ahora prefecto imperial, el tío de Séneca, tenía también su sede en Alejandría. Se trataba de la ciudad más grande de Egipto con una población cosmopolita de griegos, judíos, nativos, orientales de diversa procedencia y romanos; cada grupo étnico habitaba en un barrio distinto y no eran excepcionales los conflictos entre unas y otras comunidades[12]. Pero, sobre todo, Alejandría rivalizaba en cultura con Antioquía, Rodas, Pérgamo y la propia Atenas. A pesar de la desgracia de la quema de su espléndida biblioteca en época de César —una parte de sus 40.000 libros se perdió en el incendio—[13], Alejandría seguía siendo la sede de afamados matemáticos, geógrafos, médicos y retóricos. El puerto de Alejandría concentraba muchos productos que llegaban del interior de África a lo largo de la ruta del Nilo. Y, desde que Nearco, el almirante de Alejandro, había descubierto la ruta marítima hacia la India, habían continuado las comunicaciones entre Egipto y la India.

En ese mundo cosmopolita y de clima benigno, Séneca pudo encontrar también recursos espirituales para poder aplicar su propia terapia psicosomática. Séneca, convaleciente, no tuvo que abandonar sus estudios. Al menos dos de sus obras perdidas, *Sobre el lugar de la India* y *Sobre el lugar y los rituales religiosos de los egipcios*, fueron escritas durante su estancia en Egipto. Desconocemos la fecha de composición de otras obras suyas perdi-

[12] W. Tarn - G. T. Griffith, 1969, pp. 138-140.

[13] Séneca, *Sobre la tranquilidad del alma*, 9, 5.

das, *Sobre la naturaleza de las piedras* y *Sobre la naturaleza de los peces*, para las que —si no las escribió en Egipto— allí debió tomar abundantes notas para su redacción final. Cuando más tarde escribió su obra *Cuestiones naturales*, recoge en ella conocimientos que habían sido propuestos por los hombres de cultura alejandrinos: basten como ejemplos sus páginas dedicadas al estudio de los espejos o su visión de que se podía llegar a la India navegando hacia el occidente del océano Atlantico[14]; no refleja, en cambio, tesis del geógrafo Eratóstenes, quien gracias a la aplicación de las matemáticas a la geografía, hizo una medición muy acertada de la tierra y pudo sostener la existencia de un continente que cruzaba de norte a sur el Atlántico[15].

Bien por herencia de sus tíos o por inversiones propias, la economía privada de Séneca dependió también de sus bienes en inversiones de Egipto y que, como otros muchos romanos, conservó bajo la supervisión de sociedades y de algún liberto privado de confianza[16].

En el año 32, su tío era sustituido por Avilio Flaco al frente de la prefectura de Egipto[17]. Durante el viaje marítimo de regreso a Roma con sus parientes, naufragó el barco que los transportaba. Sólo se salvaron Séneca y su tía. Con la muerte de Cayo Galerio en el mar, se cerró cualquier intento de sus enemigos de obligarle a rendir cuentas, pues la gestión de su administración sobre Egipto presentaba algunas sombras. Séneca volvía restablecido de Egipto y también con mayor fortuna, requisito imprescindible para poder optar al rango senatorial. Su prestigio se había igualmente incrementado con la publicación de sus primeras obras, que comenzaban a ser copiadas para su difusión[18]. Sin

[14] Séneca, *Cuestiones naturales*, pref.; 1, 4 y ss.

[15] T. Ritti, 1983, pp. 125 y ss.

[16] Séneca, *Cartas*, 77, 1-3, dice que no tiene prisa por saber las noticias sobre sus bienes e inversiones, que le traen los correos que llegan de Alejandría.

[17] Como advierte M. T. Griffin, 1976, p. 51, Avilio Flaco pertenecía también al círculo de Sejano.

[18] Las grandes familias contaban, entre sus esclavos domésticos, con expertos amanuenses que hacían copias de los libros para incorporarlos a los fondos de sus bibliotecas privadas. En algunos casos, se llegó a una producción artesanal, como se deduce de las cartas de Cicerón.

tener autoridad para adoptarlo como hijo, su tía siguió estando dispuesta a utilizar los recursos de sus antiguas amistades para abogar en favor de su sobrino, como sabemos que terminó haciendo.

El nuevo contacto directo con la vida política de Roma no debió resultar nada tranquilizador para Séneca. En los últimos años, se habían producido acontecimientos importantes. A medida que Sejano fue ganándose la confianza de Tiberio, se había ido incrementando la persecución de sus oponentes[19]; varios senadores ilustres habían sido condenados a muerte. Sejano no había dudado tampoco en perseguir al historiador Cremucio Cordo con una nueva modalidad de castigo al decretarse que «sus libros fueran quemados por los ediles»[20]; Cremucio Cordo había respondido a la condena con una protesta silenciosa al dejarse morir de hambre. La propia Agripina, la viuda de Germánico, terminó siendo desterrada[21]. Mientras las libertades políticas se iban deteriorando, el emperador Tiberio, manteniendo la confianza plena en Sejano, abandonó Roma en el año 27 para ir a vivir a la isla de Capri[22]. Los astrólogos de entonces decían que «Tiberio había salido de Roma en una posición tan particular de los astros que le impedirían su regreso». Y el propio Tácito añade que «resultó claro qué margen tan estrecho hay entre la ciencia y el error y qué oscuridades ocultaban la verdad»[23], pues Tiberio no volvió a entrar en Roma, ni siquiera para asistir a los funerales de Livia, su madre, la venerable viuda de Augusto[24].

---

[19] Tácito, *Anales*, 4, 3, 2, y Dión Casio, 57, 22, 1-4, acusan a Sejano de haber envenenado a Druso, el hijo de Tiberio, el año 23.

[20] Aunque, como añade Tácito, *Anales*, 4, 35, «los libros (una copia de ellos) se salvaron ocultos y fueron publicados más tarde». El pretexto de Sejano fue que Cremucio alababa a Casio y Bruto, los asesinos de César, en su historia: Dión Casio, 57, 24, 2-4.

[21] Tácito, *Anales*, 4, 52-54; Dión Casio, 57, 22, 4.

[22] Tácito, *Anales*, 4, 57; 4, 58, 2. Suetonio, *Tiberio*, 40; 42. Las causas de tal decisión no son claras, a pesar de lo mucho que se ha discutido sobre ellas.

[23] Tácito, *Anales*, 4, 58. Realmente Tiberio se acercó varias veces a Roma, pero sin entrar en ella: Tácito, *Anales*, 6, 1, 1; 6, 39, 2; Suetonio, *Tiberio*, 72-73; Flavio Josefo, *Antigüedades judaicas*, 18, 179.

[24] Tácito, *Anales*, 5, 1-2. A pesar de todo, no se opuso a los muchos honores que decretó el Senado en honor a Livia. Dión Casio, 58, 2. Livia murió el año 29.

Tiberio que había encumbrado a Sejano hasta el punto de hacerlo senador y cónsul, además de concederle un mando militar sobre todas las tropas del Imperio, terminó atendiendo a los consejos de Antonia, la madre de Germánico, la que le hizo ver las aspiraciones de Sejano para sucederle en el trono. Tiberio reaccionó entonces con prontitud, nombró a Macrón como nuevo jefe de las tropas pretorianas y Sejano fue ejecutado en octubre del año 31[25]. Con la caída de Sejano, pasaron a un segundo plano político muchos de sus simpatizantes, entre los que se encontraba la familia de Séneca y Junio Galión, amigo de su padre.

Aunque recuperado de su enfermedad, Séneca no retornaba a Roma en un momento favorable. La caída de Sejano puede ayudar a entender el lento ascenso político de Séneca, pues todos los datos sobre su persona desvelan que distaba mucho del historiador Veleyo Patérculo que se mantuvo entre el sector de la clase dirigente durante los gobiernos de Tiberio, Calígula y Claudio. Como se ha sugerido con sorna, probablemente Veleyo había aprendido de uno de sus protectores, de Marco Vinicio, un personaje que nunca arriesgó insensatamente, de quien se ha dicho que era el hombre que tenía la espina dorsal más flexible de su época[26].

Lo mismo que había hijos de senadores que renunciaban a la carrera política y se quedaban en el rango ecuestre, otros, como Séneca, aspiraban a integrarse en las filas de los senadores. Quien deseara seguir la carrera senatorial o la ecuestre, debía pasar antes por el desempeño de algunas funciones preparatorias al servicio del Estado, en uno de los puestos del vigintivirato y/o como tribuno militar. Era ostensible el origen de cada cual por la anchura de la banda púrpura, situada en la parte inferior de la toga; mientras el hijo de un senador era «de banda ancha», *laticlavius*, el del caballero era «de banda estrecha», *angusticlavius*[27]. Pero el emperador podía hacer concesiones, como la de condonar tramos en cualquier carrera política y la de conceder a un

[25] Dión Casio, 58, 4, 1-9; 58, 9, 1-6; 58, 11, 4.

[26] Véase J. Hellegouarc'h, *Velleius Paterculus. Histoire Romaine*, París, Bell. Lettres, 1982 (texto, comentarios y traducción de Hellegouarc'h), pp. XVI y ss., XX.

[27] J. Gagé, 1964, pp. 85, 89, 109.

ecuestre la «banda ancha», honor que equivalía a una recomendación para que entrara en el Senado[28].

Así, frente a quienes han rastreado pistas para determinar el desempeño del vigintivirato y del tribunado militar de Séneca en los años de su juventud[29], hay quienes sostienen que Séneca inició toda su carrera política bajo el gobierno de Calígula[30], quien le habría concedido el derecho de llevar la «banda ancha».

El padre de Séneca dice que, en el año 37, dos de sus hijos, Séneca y Novato, se estaban preparando para la actividad política[31]. Séneca desempeñó su primera magistratura de rango senatorial, la cuestura, bajo el gobierno de Calígula, quien no era partidario del estilo adornado y escogido de los discursos de Séneca. Incluso le debían disgustar mucho sus obras al calificarlas de «meras representaciones teatrales» y de «arena sin cal», pero no ignoraba que Séneca era el autor «más popular de entonces»[32]. No es descabellada la noticia de que Calígula, tras una brillante intervención de Séneca en el Senado, lo condenó a muerte, aunque luego revocó la sentencia, al atender los consejos de una mujer que frecuentaba que le dijo que «Séneca tenía una enfermedad que lo estaba debilitando y que pronto estaría muerto»[33]. El sentido político se impuso y el emperador supo buscar su propio prestigio al perdonar a Séneca.

¿Habían durado tanto tiempo los rencores y sospechas sobre los amigos y simpatizantes de Sejano? Al parecer, se desvanecieron pronto, pues varios senadores, que habían estado próximos a Sejano, seguían en altos cargos de responsabilidad[34]. Sencilla-

---

[28] Sobre la recomendación del emperador, *commendatio Principis*, véase J. Gagé, 1964, pp. 83-84.

[29] R. Waltz, 1909, p. 53 y otros.

[30] M. T. Griffin, 1976, pp. 34, 43 y ss.

[31] Séneca Rétor, *Controversias*, 2, pref. 4.

[32] Suetonio, *Calígula*, 53.

[33] Dión Casio, 59, 19, 7; el mismo Dión (59, 19, 1-5), quien cuenta un comportamiento semejante de Calígula con Domicio Afro, otro famoso orador de entonces.

[34] Tal es la tesis de M. T. Griffin, 1976, pp. 49-50, para quien la represión sobre los seguidores de Sejano afectó sobre todo a los «hombres nuevos» y, sólo de modo excepcional, a los senadores, como lo probaría la supervivencia políti-

mente, el alejamiento de Tiberio de Roma había traído también un cierto abandono de la necesaria renovación del Senado. No debe olvidarse tampoco que había una cifra cerrada de 600 senadores y que, para cubrir las bajas, tenían preferencia los hijos de senadores.

Séneca salía beneficiado de la política de Calígula al lograr su primer éxito político, el de entrar en el Senado. Disponía de recursos económicos y de un ganado prestigio como escritor y orador, pero eso no era suficiente. ¿Quién aconsejó al emperador la promoción de Séneca? Sin duda, el apoyo de su tía, como el propio Séneca reconoce[35], fue importante; al borrarse la huella de haber sido partidario de Sejano, volvían a tener fuerza política sus antiguos amigos. No menos decisiva debió ser la ayuda de dos hermanas del emperador: de Julia Livilla y de Agripina, la que, unos años más tarde, se casó con su tío, el emperador Claudio. Ambas, como parte de los nueve hijos de Germánico y Agripina, conocían bien los mecanismos del poder y preferían tener de su lado, mejor que en su contra, a un hombre de prestigio; como dijo Tácito sobre otro favor posterior de Agripina a Séneca, estaba convencida «de que ese acto agradaría a todo el mundo»[36].

Séneca, recién estrenado como senador, podía sentirse entusiasmado. Llegaba en un momento en que el tesoro público tenía unas reservas, logradas por Tiberio, de 2.300 o bien, según otros, 3.300 millones de sestercios[37]. Calígula había comenzado su gobierno con la expulsión de Roma de los delatores, con el perdón de todos los exiliados, con el apoyo a los caballeros y con una manifiesta voluntad de potenciar las libertades políticas[38]. Parecía que reencarnaba las cualidades de su padre Germánico, a quien tanto quería el pueblo de Roma[39]. Pero sólo dos años des-

---

ca de L. Casio Longino, de M. Vinicio, de C. Cornelio Léntulo Getúlico, de L. Apronio... y de otros «sejanianos». Dión Casio, 58, 19, refiere varios casos de perdón concedidos por Tiberio.

[35] Séneca, *Consolación a Helvia*, 19, 2: «ella (su tía) desplegó su influencia en favor de mi cuestura».

[36] Tácito, *Anales*, 12, 8, 4.

[37] Cifras que ofrece Dión Casio, 59, 2, 4-5.

[38] Suetonio, *Calígula*, 15-16; Dión Casio, 59, 3, 1-2.

[39] Suetonio, *Calígula*, 5.

pués de ese feliz comienzo, en el año 39, la política de Calígula dio un giro total, sobre cuyas razones profundas aún sigue habiendo discrepancias[40]. El mismo año 39, hubo varios acontecimientos importantes en la vida de Séneca: murió su padre, quien tantos esfuerzos había hecho para que su hijo entrara en el Senado, pero, por otra parte, nació el primero y único hijo de Séneca, que murió dos años después; es probable que, también en ese mismo año, Séneca quedara viudo o divorciado, pues no sabemos más que su mujer, cuyo nombre no se nos ha transmitido, dejó de estar presente en su vida. ¡Tenía muchos motivos para hablar tantas veces de los caprichos de la diosa Fortuna!

Como primera prueba del inicio de una nueva política, en ese mismo año 39, Calígula mandó grabar sobre planchas de bronce, para su publicidad y perpetuidad, la terrible ley de majestad, el instrumento más mortífero para reprimir caprichosamente cualquier injuria, real o supuesta, contra el poder imperial. Despilfarrados los ricos fondos heredados del tesoro público, la condena de senadores o caballeros pasó a ser una nueva fuente de ingresos para seguir atrayéndose el favor del pueblo con juegos y espectáculos gratuitos[41]. Se entiende así que el pueblo de Roma, embotado con tantas prodigalidades y beneficiándose de múltiples donativos públicos, quisiera tanto a su emperador.

De esa locura de persecuciones, se fue librando Séneca. No se vio implicado en la primera conjura contra Calígula, la del año 39, pero alguna responsabilidad debieron tener las propias hermanas del emperador, amigas de Séneca, que sufrieron la condena del destierro y la pérdida de los bienes que tenían en las Galias[42]. Séneca quedaba así bajo sospecha. Precisaba demasiada prudencia, porque la necesidad de dinero del emperador estaba llegando a

[40] Se ha dicho que Calígula era epiléptico, que era un desequilibrado mental, que la grave enfermedad de la que acababa de salir le había dejado profundas taras y, también que, sencillamente, era un político inteligente aunque inmaduro que se adelantó a su tiempo al intentar aplicar en Roma un absolutismo político de corte oriental para el que no estaba preparada la sociedad romana: véase R. Auguet, 1975.

[41] Suetonio, *Calígula*, 17-20; 26 y ss.; Dión Casio, 59, 24, 1, habla del crecimiento de la crueldad y desvergüenza de Calígula.

[42] Dión Casio, 59, 21; Suetonio, *Calígula*, 39.

ingeniar los métodos más descarados para recaudar fondos, como el de permitir una casa de prostitución en el Palatino —¡junto a la residencia imperial y gestionada por recaudadores imperiales!—, el cobrar por los populares juegos de dados, el exigir regalos el día uno de enero a quienes venían a desear al emperador un feliz año o el cobrar por los banquetes que daba en su palacio[43].

Siendo mayor, Séneca se ufanaba diciendo que «Cayo [Calígula] no consiguió arrebatarme la fidelidad a mi amigo Getúlico»[44]. A pesar de la amistad, Séneca no conspiró al lado de Getúlico contra Calígula. Y, sin duda, participaba de las mismas ideas que su amigo, según él mismo relata: «Veía junto a Cayo [Calígula] los instrumentos de tortura, veía el fuego, sabía que, bajo él, la condición humana había descendido a un nivel tal que los asesinatos podían ser contados entre los ejemplos de su bondad»[45]. Desde el año 39, esa imagen de Calígula la tenían muchos senadores, pero Séneca no podía olvidar que había sido Calígula quien le había promocionado para entrar en el Senado. Y entre los conjurados contra Calígula, a fines de enero del 41, cuando el emperador fue finalmente asesinado, Séneca siguió estando ausente del grupo de los responsables[46].

Bajo el gobierno de Calígula, Séneca escribió la *Consolación a Marcia* en una fecha muy discutida que la mayoría cree que debe situarse entre el 39 y el 41[47]. El objetivo principal de la obra

---

[43] Suetonio, *Calígula*, 40-42.

[44] Séneca, *Cuestiones naturales*, IVA, pr. 15, alude a Gneo Cornelio Léntulo Getúlico, quien, después de estar varios años al frente de la provincia Germania Superior, fue condenado a muerte; véase también Dión Casio 59, 22, 5; Tácito, *Anales*, 6, 30. Para Suetonio, *Claudio*, 9, 3, Getúlico era uno de los personajes destacados de una conjura contra Calígula: *cum vero detecta esset Lepidi et Gaetulici coniuratio...*

[45] Séneca, *Cuestiones naturales*, IVA, pref. 17.

[46] Suetonio, *Calígula*, 58-59.

[47] La tesis de F. Giancotti, 1957, de que la obra es posterior al acceso de Calígula al trono por el modo en que habla de Cremucio Cordo es generalmente aceptada. K. Abel, 1967, 159, precisó que la obra es anterior al destierro de Séneca; M. T. Griffin, 1976, pp. 395 y ss., considera más probable que fuera dada a conocer el año 39. Sólo unos pocos la consideran de época de Claudio o de Nerón: cf. A. Bourgery, 1922, p. 47, y L. Hermann, 1929, pp. 21 y ss. Sobre este problema, véase también J. Mariné, 1996, pp. 14-16.

es el de consolar a Marcia, madre de cuatro hijos, por la pérdida de uno de ellos, muerto cuando comenzaba su carrera política. Reconociendo que tiene motivos para el dolor, porque «siempre es prematuro el funeral al que asisten los padres»[48], Séneca recuerda a Marcia otras muchas tragedias familiares, pues «no encontrarás ninguna familia desgraciada que no encuentre consuelo en otra que lo sea más»[49], le hace reflexionar sobre el valor de la vida y la muerte y sobre la necesidad de que salga de su largo dolor de tres años para atender a los otros hijos y a los amigos que le quedan.

Marcia, hija del historiador Cremucio Cordo, condenado por lesa majestad, había guardado copias de la obra de su padre, quemada a instancias de Sejano. La obra de Cremucio se pudo volver a publicar bajo Calígula[50]. A pesar del carácter íntimo y personal de esta consolación, la elección del caso de Marcia permitía a Séneca proyectar, en un pasado reciente, imágenes de la tiranía y de los abusos del poder. El nuevo Calígula, el que se desveló con claridad a partir del 39, el emperador loco, cruel y déspota[51], no podía ser directamente criticado, pero, con el escrito de esta consolación, se le podían ofrecer ejemplos recientes de la suerte que podían correr los opresores. Es significativo el comprobar que la obra contiene pasajes como éste: «Nada considero más bello que aquellos que están en la cumbre del poder concedan el perdón de muchas cosas y no tengan que pedir perdón de ninguna»[52]. Y los ataques a la época de Sejano son de una evidente dureza. «Recuerda aquel tiempo difícil en que Sejano entregó a tu padre a su Satrio Secundo, su cliente [...]. Se firma el acta de acusación y los furiosos perros a los que, para tenerlos sumisos a él y feroces con los demás, [Sejano] alimentaba con sangre humana, comienzan a ladrar alrededor de él, ya cogido en el cepo [...]»[53]. Esos furiosos perros son los acusadores de los que se servía Sejano; otros seme-

[48] Séneca, *Consolación a Marcia*, 17, 7.

[49] Séneca, *Consolación a Marcia*, 12, 4.

[50] Séneca, *Consolación a Marcia*, 1, 2-4.

[51] Así lo calificó más tarde Séneca en su tratado *Sobre la cólera*, 1, 20, 8-9; 2, 33, 3-6; 3, 18, 3-4 y en otros pasajes.

[52] Séneca, *Consolación a Marcia*, 4, 4.

[53] Séneca, *Consolación a Marcia*, 22, 4-6.

jantes volvieron a aparecer a partir del viraje político de Calígula en el 39. Así, el relato sobre la condena del padre de Marcia se convierte en una referencia sobre los errores que debía evitar Calígula y que, probablemente, ya había comenzado a cometer. Por más que se tratara de una consolación personal, los escritos de interés pasaban en copias de mano en mano por los diversos círculos culturales de la Roma de entonces. Y el emperador tenía ojos y oídos atentos a cualquier comentario de sus súbditos.

Tras el asesinato de Calígula[54], un soldado pretoriano encontró a Claudio, escondido en el palacio y aterrorizado[55]. Al día siguiente, el Senado, dividido sobre a quién nombrar como sucesor, se plegó a la presión de los pretorianos y proclamó a Claudio emperador, «el primero de los emperadores que, para asegurar la fidelidad de los soldados, les recompensó con dinero»[56].

Claudio, hermano de Germánico, era hijo de Druso, el hermano del emperador Tiberio. Claudio había tenido una infancia desgraciada tras perder a su padre y tener que soportar la disciplina de un preceptor brutal, aunque terminó teniendo una gran cultura[57]. Por sus defectos físicos y su confusa cabeza, había sido siempre objeto de desprecios y burlas. Su propia madre Antonia se refería a él como a «un engendro de hombre, incompleto y sólo iniciado por la naturaleza, y, cuando calificaba a alguno de estúpido, decía que era más bestia que su hijo Claudio»[58]. Pero no era mejor la opinión y el trato recibido por otros miembros de su familia, pues «su abuela Augusta [Livia, mujer de Augusto] tuvo siempre para él el más profundo desprecio: rara vez le ha-

[54] El asesinato fue el primer resultado de la conjura que dirigían Casio Querea y Cornelio Sabino, dos tribunos de la guardia pretoriana: Dión Casio, 59, 29, 1-4. Reflexiona Dión Casio, 59, 30, 1: «Su cadáver era escupido por aquellos que antes lo veneraban [...] y lo llamaban Júpiter y dios.»

[55] «Encontraron a Claudio escondido en un ángulo apartado (del palacio) y en la penumbra»: Dión Casio, 60, 1, 2.

[56] Suetonio, *Calígula*, 10. Desde entonces, se convirtió en una práctica habitual el que los emperadores hicieran donativos extraordinarios a los soldados.

[57] Suetonio, *Claudio*, 2; Dión Casio, 60, 2, 1: «Era de una inteligencia nada normal, aunque instruido siempre.»

[58] Suetonio, *Claudio*, 3, 3. El ligero temblor de cabeza y manos de Claudio es atribuido por Dion Casio, 60, 2, 1, al hecho de haber sufrido una enfermedad. B. Levick, 1990, p. 131, se pregunta si pudo haber sido una poliomelitis.

blaba [...]. Su hermana Livilla, habiendo oído decir que un día sería emperador, suplicó públicamente y en voz alta que el pueblo romano fuera librado de semejante desgracia y vergüenza»[59]. Pero no lo fue. Y Claudio era proclamado emperador cuando contaba 50 años y se había consolidado en muchos de sus primeros defectos, pero también después de haber aprendido más que otros contemporáneos sobre el pasado histórico de los romanos, pues había encontrado en el estudio un refugio a su soledad y su marginación de la vida pública. Tiberio había tenido un gesto con él al concederle el honor de llevar los ornamentos consulares, aunque seguía aludiendo a «la estupidez de Claudio»[60]. Sólo su sobrino Calígula le había hecho copartícipe del consulado en dos ocasiones, aunque por un corto espacio de tiempo[61].

A fines del mismo año 41, Séneca fue víctima de un proceso rápido por el que fue condenado al destierro a la isla de Córcega. Hacía sólo dos días que su madre había salido de Roma para Córdoba y unos pocos más desde la muerte de su hijo[62]. Está muy extendida entre los historiadores antiguos la versión de que el motivo de tal condena residió en el descubrimiento de las relaciones adúlteras que mantenía con Julia Livilla, que acababa de volver del destierro, la que había sido condenada antes por su hermano Calígula[63]. A Séneca se le aplicaba la ley Julia sobre adulterios que, en este caso, tenía el agravante de que la adúltera pertenecía a la familia imperial; la condena recibió la aprobación del Senado, donde Séneca tenía ya algunos enemigos[64].

Séneca se declaró siempre inocente y reclamó que se le hiciera justicia[65]. Había acusadores «profesionales» de la baja talla

---

[59] Suetonio, *Claudio*, 3, 4.

[60] Suetonio, *Claudio*, 5, 1; 6, 4.

[61] Suetonio, *Claudio*, 7, 1; Dión Casio, 60, 2, 2; Dión Casio, 60, 2-3.

[62] Séneca, *Consolación a Helvia*, 2, 5: «A los veinte días de haber enterrado a mi hijo, muerto en tus [de su madre] brazos y entre tus besos, te enteraste de que me arrancaban de tu lado».

[63] Dión Casio, 60, 8, 5; en el mismo sentido, Tácito, *Anales*, 13, 42; Schol. Juvenal, *Sátiras*, V, 109.

[64] Tácito, *Anales*, 13, 42.

[65] Habla varias veces de su inocencia: *Consolación a Helvia*, 8; 9, 3; 13, 8; así como en la *Consolación a Polibio*, 13, 2-4.

moral del tristemente famoso Publio Suilio, a quien Tácito califica de hombre venal[66]. Se ha sospechado que la instigadora de la acusación pudo haber sido Mesalina, la mujer de Claudio, pues, con tal condena, conseguía librarse de miembros incómodos de la familia imperial (Julia Livilla y Agripina, la posterior mujer de Claudio), así como del prestigio del propio Séneca. Tal hipótesis, la de culpar a Mesalina de ser la responsable de preparar la acusación con testigos falsos, resulta muy plausible, pues, según opinión muy generalizada entre los romanos, Claudio obedeció siempre «a sus libertos y a sus mujeres; se comportó no como un príncipe, sino como un esclavo [de sus libertos y de sus mujeres]»[67].

El castigo de una relegación indefinida en la isla de Córcega llevaba consigo la incautación de una parte de sus bienes. Si Mesalina fue la causante de este infortunio, gracias a otra mujer, recuperó más tarde la libertad. ¡Séneca estaba destinado a sufrir los caprichos de la Fortuna interviniendo bajo la forma de una mujer!

A Séneca se le había aplicado un proceso judicial extraordinario que no daba margen para organizar la defensa y apenas para preparar el equipaje[68]. Dos días antes de partir para Córcega, su madre Helvia se encontraba aún en Roma preparando su viaje a Córdoba y no tenía noticias de la acusación y del proceso contra su hijo.

La mujer que sugirió a Claudio la relegación de Séneca en Córcega debía saber bien que era la forma más benigna de alejarlo de Roma para recuperarlo si fuera preciso, pues una deportación o un destierro le hubieran acarreado la pérdida de ciu-

---

[66] Tácito, *Anales*, 13, 42. Los acusadores recibían una recompensa económica, pagada con una parte de los bienes incautados a las víctimas.

[67] Suetonio, *Claudio*, 19. Dión Casio, 60, 30, 6, dice que Mesalina y los libertos del emperador, ante todo los tres más importantes (Calisto, Narciso y Palas), se dividían el poder; también Dión Casio, 60, 31, 8, sobre Claudio, esclavo de las mujeres.

[68] En ese tipo de proceso, *cognitio extra ordinem*, se suprimían dos fases procesales (*in iure* y *apud iudicem*) así como la modalidad de un arbitraje. Los emperadores lo emplearon cada vez con más frecuencia; de ahí, el nombre de *cognitiones Caesarianae*: véase, entre otros, *Digesto*, 1.16.9.1; 1.18.8.9; 50.13.

dadanía y grandes dificultades para reintegrarse en la vida política[69].

Las pequeñas islas del Mediterráneo eran el destino habitual de muchos desterrados. Córcega se encontraba entre las islas pequeñas y pobres. Séneca la describe así: «No es fértil en árboles frutales y alegres; no la riegan ríos grandes y navegables, no produce nada que deseen otros pueblos, apenas sostiene a sus habitantes, no se extraen mármoles valiosos, ni tiene minas de oro y plata»[70]. Naturalmente, estaba justificado para exagerar las malas condiciones de la isla, a la que su propia madre veía aún peor como «una región en la que el mayor palacio es una choza»[71]. Y Séneca añade otros rasgos negativos de la isla: «¿Es posible encontrar un lugar más desnudo y más abrupto que esta roca? ¿Cuál más parco en provisiones? ¿Cuál menos acogedor para el hombre? ¿Qué lugar más horrible? ¿Cuál de cielo más inclemente?»[72] A pesar de todo, debe recordar que, en la isla, había ciudadanos romanos por más que fueran más numerosos los libres con estatuto local; más aún, Roma había implantado dos «colonias de ciudadanos romanos, una fundada por Mario, otra por Sila»[73], pues, como el propio Séneca dice en una frase lapidaria que se ha hecho famosa, «dondequiera que el pueblo romano vence, establece su residencia»[74]. Y Séneca pasó por alto el mencionar que, en la misma isla, estaban relegados otros senadores, incluido algún amigo suyo[75].

---

[69] Los juristas romanos hacían una gradación de condenas en el alejamiento de Roma entre un destierro, *exilium*, que conllevaba la pérdida de ciudadanía y la expulsión fuera de los límites de los dominios romanos, una deportación, *deportatio*, por la que sólo se perdía la ciudadanía, y una relegación, *relegatio*, la más benigna, ya que al condenado ni se le privaba de sus derechos políticos ni se le prohibía el contacto con parientes, amigos o allegados que fueran a visitarlo: véase *Digesto*, 47.10.45; 48.19.2.1; 48.19.4; 48.22. Para un análisis sobre las variantes de penalizaciones ante un mismo delito, véase P. Garnsey, 1970.

[70] Séneca, *Consolación a Helvia*, 9, 1.

[71] Séneca, *Consolación a Helvia*, 9, 3.

[72] Séneca, *Consolación a Helvia*, 6, 5.

[73] Séneca, *Consolación a Helvia*, 7, 9.

[74] Séneca, *Consolación a Helvia*, 6, 7: *ubicumque vicit Romanus, habitat*.

[75] Ésta es también la tesis de M. T. Griffin, 1976, pp. 61 y ss. y de otros investigadores.

Peores condiciones de destierro tuvieron que soportar otros ciudadanos. Así, cuando Ovidio fue enviado a Tomi, junto al mar Negro, tenía realmente motivos de angustia porque allí «el enemigo, provisto de arco y de flechas envenenadas, merodea feroz en torno a nuestras fortificaciones, con su jadeante caballo»[76]. Y la aldea de Tomi se encontraba en medio de una llanura, que Ovidio describe poéticamente como desprovista de árboles, donde apenas se oía el lejano canto de los pájaros que iban a apagar «su sed en las lagunas salobres»[77].

Ovidio invirtió los diez largos años de su destierro solitario y sin retorno en enviar versos de súplicas y en aprender la lengua de los nativos, los getas; su vecindad al mar le permitió también escribir un largo poema sobre la pesca, que debió ser otra de sus nuevas ocupaciones. Séneca conoció pronto las costumbres y el pasado de la isla, a la que habían llegado migraciones de griegos, de ligures y de hispanos. Nadie ha entendido todavía bien estas palabras suyas: «Vinieron [a Córcega] más tarde los hispanos, como queda testimoniado por la semejanza de sus rituales; pues tienen los mismos gorros y el mismo tipo de calzado que los cántabros, e incluso palabras comunes»[78].

En medio de las condiciones adversas de la isla, Séneca buscó la forma de ser consecuente con sus palabras; había dicho: «Quien no se infló con los sucesos favorables, tampoco se achica con los reveses»[79]. Y los ocho años de su destierro se convirtieron en otros tantos de estudio y de escritura. Entre las obras que con seguridad escribió en Córcega, se encuentran dos de sus tres *Consolaciones* (la dirigida a su madre Helvia y la de Polibio), el tratado *Sobre la cólera* y, probablemente, la obra perdida en la

---

[76] Ovidio, *Tristes*, IV, 1, 76.

[77] Ovidio, *Pónticas*, III, 1, 16-24.

[78] Esos datos aportados por Séneca, *Consolación a Helvia*, 7, 9, siguen hoy sin ser bien entendidos. Pudo haber tomado esa información en la propia Roma, donde los cántabros eran bien conocidos desde los comienzos del gobierno de Augusto. El término «cántabros», aquí como en otros textos, ¿puede englobar a los pueblos de ambos lados de la cordillera Cantábrica? Si fuera así, habría alguna pista para comprender las analogías indicadas por Séneca entre corsos y cántabros.

[79] Séneca, *Consolación a Helvia*, 5, 5.

que relataba la vida de su padre[80]. Durante años se creyó que la mayoría de sus tragedias pertenecían también a esta época de su destierro[81]; si no todas, algunas pertenecen a estos años difíciles de su vida[82].

En una ciudad llena de miles de ociosos, como Roma, todo se sabía al instante. De los acontecimientos públicos, informaban las Actas diarias, una especie de periódico oficial creado por César[83], que se ponía en un lugar público del Foro para ser leído por cualquiera. Las grandes familias mantenían su propio correo privado. Otras informaciones circulaban a través de los clientes, los «saludadores», que acudían todos los días, al amanecer, a saludar a su patrono y ofrecerle las últimas noticias o cotilleos que circulaban por la ciudad[84]. La asistencia regular a un círculo literario o a un espectáculo era otro de los medios de estar informado. Con tal trama de vías de información, Séneca, ausente y desterrado, podía seguir estando presente en Roma a través de sus obras escritas.

El propio Séneca, deseoso de quitar preocupaciones a su madre, le dice que debe imaginarle en Córcega «alegre y contento, como en las mejores condiciones; pues son las mejores al estar mi espíritu, libre de toda preocupación, con tiempo para sus actividades, recreándose unas veces en estudios más superficiales o bien remontándose, ansioso de la verdad, a la consideración de

---

[80] Tales propuestas de datación de M. T. Griffin, 1976, pp. 61 y ss. están bien aceptadas.

[81] Así, L. Astrana, 1947, pp. 191 y ss., que recoge un pensamiento muy extendido en su época.

[82] Así, P. Grimal, 1979, pp. 424-431, sostiene que, excepto tres (*Edipo, Medea* y *Fedra*), las demás pudieron ser escritas durante su destierro.

[83] Suetonio, *César*, 20, 1: «César fue el primero en establecer que los actos diarios del Senado y los del pueblo fueran consignados y dados a conocer públicamente.»

[84] A cambio de tales favores, recibían algunas monedas y, en el mejor de los casos, un desayuno caliente. De estos «saludadores» tenemos mucha información en varios autores, pero, de modo particular, en los epigramas del hispano Marcial; como dice en varias ocasiones, para sobrevivir con esa profesión, muchas veces era preciso tener varios patronos; así, no era excepcional el caso de Cayo que no pegaba el ojo durante la noche y que, «Cayo, al rayar el día se va temblando a saludar a inumerables señores» (Marcial, *Epigramas*, 92).

su naturaleza y de la del universo»[85]. Y añade a continuación que estudia las tierras de la isla, su composición, el flujo y reflujo del mar y los fenómenos atmosféricos gozando del «bellísimo espectáculo de las cosas divinas»[86]. Era una actitud muy distinta a la de Ovidio que pasó su largo destierro escribiendo solicitudes de perdón y aprendiendo las técnicas de la pesca.

La *Consolación a Helvia*, una de las obras literarias más bellas de Séneca, estaba destinada a tranquilizar a su madre por el infortunio de su relegación en Córcega. El desafortunado se convierte así en el consolador de los que sufren por él. «Para que estés más tranquila —le decía a su madre—, te añado que no hay nada que me pueda hacer desgraciado»[87]. No importaba haber perdido dinero, honores e influencias[88], no importaba haber cambiado de lugar[89], no importaba disponer de menos vestidos y de escasos recursos[90], pues «lo mejor del hombre está fuera del poder humano, que no puede dárselo ni quitárselo»[91]. Y lo justifica añadiendo que nadie puede desterrar el alma, «pues el alma es sagrada y eterna y nadie puede poner sus manos sobre ella»[92].

La entereza que Séneca demostraba a su madre terminó quebrándose con el paso de los años de su destierro. En el tratado que entonces escribió *Sobre la cólera*, dedicado a su hermano Novato, aún le quedaban reservas psicológicas: analiza las causas y consecuencias de la cólera, sus manifestaciones y los recursos para vencerla, pues «ninguna peste ha causado más estragos al género humano»[93].

---

[85] Séneca, *Consolación a Helvia*, 20, 1. En sus *Cuestiones naturales*, se detectan muchos pasajes que reflejan un conocimiento directo de la naturaleza.

[86] Séneca, *Consolación a Helvia*, 20, 2.

[87] Séneca, *Consolación a Helvia*, 4, 3.

[88] Séneca, *Consolación a Helvia*, 4, 4-5.

[89] Séneca, *Consolación a Helvia*, 6, 2 y ss.

[90] Séneca, *Consolación a Helvia*, 11, 1 y ss.

[91] Séneca, *Consolación a Helvia*, 8, 4.

[92] Esa frase aparece en un contexto en el que reflexiona sobre el cuerpo y el alma, de la que dice que siempre es libre y afín a los dioses; expone aquí su tesis de que el cuerpo es «la cárcel y atadura» del alma: Séneca, *Consolación a Helvia*, 11, 5-7.

[93] Séneca, *Sobre la cólera*, 1, 2, 1.

Reflexionar sobre la cólera equivalía a buscar remedios psicológicos para su espíritu atormentado, pero también le daba ocasión para dirigirse, de un modo indirecto, al propio emperador. Y, en distintos pasajes de esta obra, se encuentran mensajes significativos. Así, pone como ejemplo de comportamiento colérico el de Gneo Pisón, quien había sido condenado por el asesinato de Germánico, el hermano de Claudio[94]. El propio Calígula es presentado como ejemplo de un loco colérico que llegó a desafiar a Júpiter y tal desafío pudo haber contribuido a «levantar los ánimos de los conjurados, pues debieron encontrar que era el colmo de la paciencia el tener que soportar a quien no podía soportar a Júpiter»[95]. Y, tras relatar otros casos de tiranos, reyes y altos personajes que cometieron las mayores tropelías, llevados de la cólera, vuelve sobre Calígula para presentarlo como un tirano colérico y cruel que sentía placer ejerciendo la crueldad, un emperador monstruoso que «deseaba que el pueblo romano tuviera una sola nuca para poder consumar de un solo golpe y en un solo día todos sus crímenes, repartidos por tantos lugares y en tantas ocasiones»[96]. Y, en las páginas finales del tratado, las palabras dirigidas a su hermano Novato podían tener el mismo valor para Claudio o para cualquiera de sus allegados: «¿Qué objetivo tiene el emplear los días haciendo sufrir y atormentando a alguien, en vez de pasarlos con distraciones alegres? [...] ¿Por qué olvidar nuestra debilidad y atraernos odios inmensos? [...] El destino está sobre nuestras cabezas, tiene en cuenta los días perdidos y cada día se acerca más; el tiempo que dedicas a la muerte de otro es tal vez el que te está acercando a la tuya. ¿Por qué no dedicas esta corta vida en hacerla agradable para ti y para los demás?»[97]

Sin duda, Claudio pudo haberse conmovido por tales palabras de Séneca, pero era demasiado estúpido para tomar decisiones

---

[94] Séneca, *Sobre la cólera*, 1, 18, 3-6. Gneo Pisón es un personaje bien conocido: Tácito, *Anales*, 2, 43; 2, 69; 2, 72. Hoy conocemos varias copias del decreto que contiene las medidas que acompañaban a la condena de Gneo Calpurnio Pisón: véase W. Eck -A. Caballos - F. Fernández, 1996.

[95] Séneca, *Sobre la cólera*, 1, 20, 8-9.

[96] Séneca, *Sobre la cólera*, 3, 19, 2; y, con más detalles, en todo el pasaje 3, 19.

[97] Séneca, *Sobre la cólera*, 3, 42-43.

por cuenta propia; seguía sometido a las influencias del mismo círculo de Mesalina que había conseguido condenar a Séneca.

Si había que ser un buen entendedor para captar el mensaje de petición de perdón que contenía la obra *Sobre la cólera*, otro escrito enviado a Roma desde su destierro tenía un contenido evidente. A Polibio, un liberto de confianza de Claudio, a quien asesoraba sobre los escritos de súplicas[98], se le acababa de morir un hermano. Ésa fue la ocasión aprovechada por Séneca para escribir la *Consolación a Polibio*, entre los años 42-43[99].

El propio Séneca debió sentir más tarde vengüenza de este escrito, que ha sido utilizado por sus detractores para acusarle de estar poco convencido de las ideas que defendía[100]. No es nuestra misión la de salir en su defensa, pero nadie duda de que hasta el hombre más equilibrado y mejor equipado doctrinalmente puede tener un momento de debilidad. ¡Séneca lo tuvo! Y cayó en una abierta adulación a Polibio y al propio Claudio, al que tanto despreciaba. El texto desvela a un Séneca desesperanzado, que empieza a sentir la inutilidad de su marginación, sobre la que no atisbaba visos de salida.

Séneca alude brevemente al hermano difunto de Polibio, «un hermano digno de ti», «que nunca amenazó a nadie con su hermano»[101], para orientar las alabanzas al propio Polibio, a quien le atribuye unas dotes literarias y de elocuencia que nadie más que Séneca había advertido[102]. Y Polibio sirve a Séneca de eslabón

---

[98] Según Suetonio, *Claudio*, 28, Polibio ocupaba el cargo de *a studiis*, es decir, el de asesoramiento para cuestiones jurídicas y literarias; según Séneca, *Consolación a Polibio*, 6, 5, ocupaba el de *a libellis* o responsable de cartas de súplica dirigidas al emperador. Probablemente, no hay contradicción y pasó del primero al segundo cargo.

[99] Este escrito es anterior al triunfo de Claudio sobre Britania, que tuvo lugar a comienzos de 44 (Dión Casio, 60, 19-23; Suetonio, *Claudio*, 17; Tácito, *Anales*, 13, 3) y bastante posterior al inicio del destierro de Séneca, cuando aún mantenía su espíritu más firme.

[100] De modo particular, Dión Casio, 61, 10, 2-6, manifiesta cierta antipatía hacia Séneca.

[101] Séneca, *Consolación a Polibio*, 3, 1-3.

[102] Séneca, *Consolación a Polibio*, 2, 2-7; 6, 1-5; 8, 3; 11, 6: con expresiones de adulación como «la grandeza de tus escritos» y semejantes.

para alabar descaradamente a Claudio: «Ahí tienes ahora otro remedio que te aliviará aún con más facilidad: piensa en el César [Claudio], cuando quieras olvidarte de todo [...]. Desde el momento en que el César se dedicó al orbe de las tierras, renunció a sí mismo [...] sin parar ni hacer nada en su interés personal [...]. Vivo el César, se encuentran a salvo todos los tuyos»[103].

Séneca, al suplicar a Claudio a través de Polibio, no sólo presenta al emperador como el salvador del género humano, el restaurador de todo lo que destruyó el furor de su antecesor, sino que le dota de las mejores virtudes, incluida la de la clemencia que tanto necesitaba Séneca, «pues no me derribó [Claudio] para no querer levantarme nunca más [...], intercedió por mí en el Senado y no sólo me dio la vida sino que la pidió para mí [...]. Él [Claudio] conoce bien el momento en que debe socorrer a cada uno; yo, en cambio, me esforzaré para que no se avergüence de bajarse hasta mí»[104]. Por más que fuera muy frecuente adular al emperador, la desesperación de Séneca le había llevado muy lejos.

A pesar de esa promesa de fidelidad, Claudio no atendió las súplicas de Séneca, quien debió esperar a la caída de Mesalina y a la consolidación del poder de Agripina. No resulta coherente el imaginarse a un Séneca inactivo durante los años que siguieron a su frustrada esperanza de perdón. Por ello, no es nada descabellada la tesis de los que sostienen que Séneca aprovechó esos largos años de espera para escribir algunas de sus tragedias y mantener de ese modo un diálogo a distancia con la sociedad de Roma. Mientras sus obras fueran conocidas, se mantendría la llama de su prestigio.

En el año 48, se produjo un acontecimiento que, con razón, se ha calificado de fabuloso; Tácito lo describe con asombro: «En una ciudad donde todo se sabe, donde nada se calla y doblemente tratándose de un cónsul designado [...] [éste, Silio] se unió en matrimonio con la mujer del emperador, después de anunciarlo el día anterior y con la asistencia de testigos, llamados para dar fe del acto y legitimar el reconocimiento de los hijos»[105]. Claudio es-

---

[103] Séneca, *Consolación a Polibio*, 7, 1-4.

[104] Séneca, *Consolación a Polibio*, 13, 2-3.

[105] Tácito, *Anales*, 11, 27, 1; de modo semejante, Dión Casio, 60, 31, 1-4.

taba acostumbrado a los devaneos de Mesalina; él hacía otro tanto. Pero, probablemente nunca supo bien que Mesalina llegaba a la prostitución y que incitaba a otras mujeres a seguir sus prácticas[106]. En esta ocasión, desconocía que las cosas hubieran ido tan lejos, que su mujer se había casado con otro, pero no tardó en enterarse por sus libertos. Entonces, el emperador reaccionó con celeridad: dio la orden de que Mesalina, su nuevo esposo y varios de sus cómplices fueran asesinados[107].

Claudio quedaba de nuevo viudo y sus libertos, conocedores de la desbordada concupiscencia del emperador, se apresuraron a buscarle una esposa. La elección no fue fácil; terminó imponiéndose la opinión del liberto Palas: Claudio debía casarse con su sobrina Agripina, viuda de Pasieno Crispo, mujer fértil, con cuyo matrimonio se produciría la fusión de las familias Claudia y Julia[108].

En la Roma de entonces, el matrimonio de un tío con una sobrina estaba prohibido por considerarse un incesto. El problema se resolvió acudiendo a Vitelio, quien, a su título de censor, añadía el de ser un hombre servil y «hábil para ver con antelación el advenimiento de los nuevos poderes»[109]. El Senado se plegó al discurso de Vitelio concediendo permiso para el proyectado matrimonio del emperador, pues «era preciso adaptar la costumbre al interés y ésta [decisión] llegaría más tarde a ser una costumbre»[110].

Celebrado el matrimonio de Claudio con su sobrina Agripina, ésta, con la ayuda de sus libertos, se convirtió en la nueva dueña del emperador y del Imperio. Desde entonces, todos obedecían a una mujer. Algunos la vieron como a una segunda Mesalina[111]. Pero Tácito precisa: «Sin embargo, Agripina, para no caracterizarse sólo por sus malos actos, obtuvo para Séneca la llamada del exilio y la magistratura de pretor, convencida de que

---

[106] Dión Casio, 60, 18, 1-4.

[107] Un relato más detallado de los desmanes de Mesalina y de su muerte puede leerse en Tácito, *Anales*, 11, 26-38.

[108] Tácito, *Anales*, 12, 4-5; Dión Casio, 60, 32.

[109] Tácito, *Anales*, 12, 4, 1.

[110] Tácito, *Anales*, 12, 6.

[111] Así lo expresa Dión Casio, 60, 33, 2.

este acto sería del agrado público, atendiendo al brillo de sus estudios, y para que la infancia de [su hijo] Domicio no careciera de tan importante maestro»[112]. Séneca pudo así volver del destierro en el año 49; nunca perdonó a Claudio por haberlo mantenido en Córcega tanto tiempo, pero contuvo su deseo de venganza hasta después de la muerte del emperador.

La fortuna se mostraba al fin benigna con Séneca. Ese mismo año, se casó con Paulina, perteneciente a una rica familia senatorial de la Galia Narbonense, que mantenía estrechos vínculos con el clan de los senadores de origen hispano[113]. Paulina fue su compañera hasta el fin de sus días, la que mantuvo su «existencia dependiente de la mía» —dirá después Séneca—, la que amó a Séneca con todo coraje y «la que obtiene de mí que me ame de un modo más atento»[114].

---

[112] Tácito, *Anales*, 12, 8, 4. Véase también Tácito, *Anales*, 15, 60; Suetonio, *Nerón*, 7; Dión Casio, 60, 32, 3.

[113] J. Carcopino, 1922, pp. 18-24, sobre Paulina y su familia.

[114] Séneca, *Cartas*, 104, 1-4, ya retirado de la vida política, justifica la prolongación de su propia existencia en la necesidad de corresponder a los desvelos de su esposa Paulina.

4. Séneca, preceptor y consejero de Nerón

Los romanos no estaban equivocados cuando prestaban tanta atención a los rasgos de carácter de los antepasados[1]. Nerón no heredaba los mejores. Entre los Domicio Ahenobarbo, sus ascendientes, se encontraban personajes brutales y crueles. Su abuelo, pródigo a la vez de cruel, había tenido que sufrir varias reprimendas del propio Augusto al constatar su afición por participar como actor en el teatro y en los juegos gladiatorios. El padre de Nerón no había mejorado: en su haber fanfarrón y desmedido, se anotaban algunos asesinatos y varias peleas; hasta el joven Calígula lo echó del grupo de sus amigos. Terminó siendo acusado de lesa majestad, de adulterios y de relaciones incestuosas con su hermana Lépida. Por su matrimonio con Agripina, hermana de Calígula, se le concedió el perdón; murió poco después de hidropesía, cuando su hijo Domicio Ahenobarbo, el futuro Nerón, sólo tenía tres años[2].

Cuando Séneca fue encargado de la educación de Domicio Ahenobarbo, éste tenía ya once años. Había pasado su infancia bajo la protección de su tía Lépida, cuando su madre se encontraba desterrada, y de su padrastro, Crispo Pasieno. Ciertos rudimentos de cultura debieron de proporcionarle sus educadores, el griego Berilo y el liberto Aniceto[3]. Pero sabemos también que le pusieron como pedagogos guardianes a un especialista en saltos y a un barbero, sin duda hábiles en sus artes pero no necesariamente instruidos. Probablemente debió al primero de estos últi-

[1] Sobre Nerón hay excelentes biografías (M. A. Levi, 1949; B. H. Warmington; J. Bishop; M. Grant); en las más recientes, se insiste con mayor claridad en el intento de Nerón de fundar una monarquía de tipo oriental: véase M. T. Griffin, y, ante todo, el estudio de E. Cizek.

[2] Esos y otros detalles en Suetonio, *Nerón*, 1-5.

[3] Josefo, *Antigüedades judaicas*, 20, 183; Suetonio, *Nerón*, 35, 2; Tácito, *Anales*, 14, 3.

mos el que, siendo niño, obtuviera ya sus primeros éxitos cuando participó en los Juegos Troyanos, en los que competían a caballo niños y adolescentes entre los 6 y los 17 años[4]. Sin duda, Séneca tenía por delante un arduo trabajo para hacer de ese adolescente un buen emperador.

Agripina contaba con Séneca para la preparación de su hijo como candidato a ocupar el trono imperial y también porque «se creía que Séneca, agradecido a Agripina por el recuerdo del favor recibido y hostil a Claudio por el resentimiento de la injuria»[5], sería un fiel aliado y una pieza sumisa de su juego. El movimiento de las demás piezas dependería de ella, de los libertos de Claudio, entre los que se encontraba Palas, a quien todos consideraban su amante, y de un grupo de senadores de su círculo. El segundo movimiento de Agripina fue el de convencer a su nuevo y tercer esposo, el emperador Claudio, de que comprometiera el matrimonio de la hija de éste y de Mesalina, de Octavia, con su hijo Domicio[6]. La estrategia se cerró al año siguiente, cuando Claudio adoptó a Domicio como hijo; entonces tenía tres años más que el propio hijo del emperador, Británico, hecho importante teniendo en cuenta la avanzada edad de Claudio[7]. Por la adopción, Domicio recibió el nombre de Nerón y quedó equiparado a Británico como posible sucesor al trono.

Séneca no había visto obstáculo alguno en los primeros movimientos de Agripina. Había podido comprobar también la crueldad de esta mujer que, tan pronto encontró su posición segura, convenció a Claudio para que condenara al destierro a Lolia, sólo por haber sido una de las competidoras al matrimonio con

---

[4] Suetonio, *Nerón*, 6-7. Los Juegos Troyanos, conocidos como el *lusus puerorum equestris*, eran muy antiguos en Roma. Con ellos se recordaban los supuestos orígenes troyanos de la Ciudad: véase Schneider, «Troiae lusus» *RE*, XII, 2.059 y ss.

[5] Tácito, *Anales*, 12, 8, 4.

[6] Dice Tácito, *Anales*, 12, 9, que Agripina se ganó con promesas al cónsul designado, Mumio Polión, para que empleara ante Claudio los mismos argumentos que usó Vitelio para justificar el matrimonio de Claudio con su sobrina, dada la corta edad y el parentesco existente entre los dos hijos.

[7] Tácito, *Anales*, 12, 15; Dión Casio, 60, 32, 2.

Claudio, y a Calpurnia, una de las mujeres más bellas de Roma, de la que se sentía celosa[8].

Agripina no se conformaba con controlar el poder al ejercer un dominio total sobre su marido; buscaba también las ocasiones para figurar como representante del poder, tal como hizo cuando se exhibió sentada en un trono, ante las insignias militares romanas, al lado del emperador[9]. Ya había conseguido que una nueva colonia romana —la enclavada en la actual ciudad alemana de Colonia— recibiera su propio nombre[10]. Pero, a medida que Agripina acaparaba más poder, acumulaba también mayores antipatías entre la oligarquía romana, pues seguía amparándose en el modelo de gobierno de Claudio al conceder altos puestos de responsabilidad a los libertos imperiales.

Séneca, a pesar de su reciente promoción y contra lo que podía esperar Agripina, se encontraba más próximo a los caballeros y senadores que a los libertos arribistas, algunos de los cuales estaban haciendo una enorme fortuna al amparo del poder. Se reflejan bien ambas posiciones en unos relatos de Tácito. Así, por una parte, el emperador «alabó en un discurso a quienes, viendo disminuir sus recursos, abandonaban voluntariamente el rango senatorial e incluso excluyó del mismo a los que queriendo permanecer, añadían la imprudencia a la pobreza»[11], mientras se sabía que Palas, el liberto de confianza de Agripina, poseía una fortuna de trescientos millones de sestercios[12]. En tales circunstancias, la alianza entre Séneca y Agripina comenzaba a presentar algunas grietas, pues ni los medios para conseguir el poder ni los objetivos políticos eran idénticos. Seguían teniendo en común la preparación de la sucesión de Claudio en favor de Nerón, pero no participaban en los mismos círculos, pues Agripina no tenía ninguna simpatía por los filósofos.

---

[8] Tácito, *Anales*, 12, 22; Dión Casio, 60, 32, 4.

[9] Tácito, *Anales*, 12, 37, 6-7, dice, al describir una parada militar para impresionar a Caracato, jefe rebelde de Britania: «Espectáculo seguramente nuevo y contrario a la tradición, el ver a una mujer sentarse en el trono ante las insignias romanas.»

[10] Asentada en el territorio de los ubios: Tácito, *Anales*, 12, 27, 1-2.

[11] Tácito, *Anales*, 12, 52, 6.

[12] Tácito, *Anales*, 12, 53, 4. Una familia humilde de campesinos debía acomodarse para vivir con unos ingresos de 5.000-10.000 sestercios al año.

La prevención del poder político ante los filósofos fue habitual, pero resultó especialmente intensa durante algunas etapas del Imperio hasta el punto de que se puede medir la clemencia o crueldad de un emperador por la relación buena o mala que mantenía con los filósofos. La valoración ética del poder estaba presente en las consideraciones de los filósofos[13]. Los filósofos sabían bien que no hay maestro ni doctrina, ni escuela sin discípulos, los auténticos propagandistas de las ideas del maestro. No había, pues, filósofos aislados, sino, como dicen los textos antiguos, sectas o agrupaciones de discípulos en torno a un maestro, hecho que elevaba las dimensiones sociales y políticas de cualquier crítica que se hiciera al poder[14].

No era nueva la figura del filósofo que se compromete directamente con la acción política. Los resultados no habían sido siempre buenos. Todos podían recordar la penosa experiencia de Platón que aceptó el reto de aconsejar cómo se podía construir en la práctica el modelo de ciudad, de pólis, que él había imaginado y cómo terminó siendo vendido como esclavo. De ahí que el filósofo Séneca metido a político haya interesado tanto a muchos autores posteriores[15].

La vida política de entonces discurría a través de círculos de familiares, amigos, allegados y simpatizantes que participaban también de las mismas ideas filosóficas, artísticas y literarias. Al frente de cada círculo había un personaje sobresaliente, un líder, pero no resultaba excepcional que algunos componentes habituales de un círculo formaran también parte de otro de tendencias o gustos similares. De esa forma, se constituían agrupaciones de círculos que, en política, funcionaban de modo semejante a lo que más tarde fueron los partidos políticos. Poco importaba que los componentes de un círculo se reunieran para escuchar la conferencia de un filósofo, oír un recital literario o discutir sobre el

---

[13] Véase E. Cizek, 1972, pp. 247 y ss.

[14] Será preciso hacer un estudio exhaustivo sobre los recursos económicos de las sectas filosóficas y sobre los vínculos de colaboración que mantenían entre sí las distintas agrupaciones de una misma tendencia filosófica. Para ello, hay noticias, aunque muy dispersas en los autores antiguos.

[15] Véase, entre otros, M. T. Griffin, 1984; A. Fontán, 1966; M. J. Hidalgo, 1995; J. Xifrá, 1983.

proyecto de una obra pública; los encuentros no estaban regulados más que por la voluntad de los asistentes, por lo que resultaba fácil terminar acudiendo, de un modo u otro, a las referencias generales, a las cuestiones políticas.

En el círculo de Séneca, se encontraban en primer lugar sus dos hermanos: Anneo Novato, quien ya se llamaba Lucio Junio Galio tras su adopción, y el hermano menor, Anneo Mela. El mayor había accedido al rango senatorial y comenzaba a ocupar altos cargos de responsabilidad política, como fue el de su gobierno sobre la provincia de Acaya con el título de procónsul, hacia el año 52; en esa fecha, tuvo la oportunidad de conocer a san Pablo[16]. Anneo Mela, en cambio, siguió siendo de rango ecuestre y orientó gran parte de su vida a la atención de los negocios[17]. Tácito lo consideraba ambicioso y dice de él que no deseó acceder al rango senatorial porque «creía que el camino más corto para adquirir dinero era el de desempeñar procuratelas para administrar los negocios del emperador»[18], observación muy acertada.

Al círculo de Séneca pertenecía también Lucano, el hijo de su hermano Mela, que ya comenzaba a ser conocido como escritor, y otros importantes senadores y caballeros, como Pompeyo Paulino, Cesonio Máximo, Lucilio... y Burro, el prefecto del pretorio, a quien se había encomendado la educación física y militar del joven Nerón.

Mientras algunas viejas familias senatoriales simpatizaban más con las ideas de los epicúreos, había un predominio de círculos que se sentían más próximos al estoicismo. Así, un estoicismo flexible seguían los pertenecientes al círculo de Cornuto, filósofo, retórico y amigo de Séneca, mientras el círculo de Trásea, fuertemente cohesionado, era partidario de una interpretación peculiar y rígida del estoicismo que les llevaba a no comprometerse demasiado en política[19]. La gran habilidad de Séneca resi-

---

[16] *Actas de los Apóstoles*, 18, 12.

[17] Séneca, *Consolación a Helvia*, 18, 1-3; el padre de Séneca, Séneca Rétor, *Controversias*, 2, pref. 3, se manifestaba satisfecho con la orientación tomada por su tercer hijo.

[18] Tácito, *Anales*, 16, 17.

[19] Véase, entre otros, E. Cizek, 1972, pp. 60-69.

dió en buscar la unión de círculos diferentes, en seguir la vía más flexible que permitiera la colaboración política de las viejas familias senatoriales con las más nuevas y con los caballeros a fin de poder construir un nuevo orden político en el que los libertos imperiales pasaran a un segundo plano. Ya nadie soñaba en restaurar la vieja república. Se admitía el régimen imperial, pero sin los desmanes de la época de Calígula y sin el peso político desmedido que Claudio había concedido a sus libertos.

A mediados de octubre del año 54, murió el emperador Claudio en unas circunstancias confusas que estimularon la proliferación de rumores sobre la causa de su muerte; entre ellos, el de que Claudio había sido envenenado por su mujer[20]. No era de extrañar tal sospecha, pues todo el mundo conocía la ambición de Agripina, su crueldad y la prisa que tenía para asegurar la sucesión de su hijo en el trono imperial. Cuando se dio a conocer la noticia de la muerte de Claudio, todo estaba preparado para la sucesión de Nerón: «saludado como emperador en las gradas del Palacio, fue llevado en litera al campamento [de los pretorianos] y, tras una breve alocución a los soldados, desde allí fue llevado a la curia, donde [...] aceptó todos los títulos imperiales excepto el de padre de la patria en consideración a su edad»[21]. Nerón tenía entonces 17 años.

La tradición imponía que, durante los funerales, se hiciera una alabanza pública del difunto en la que se recordaban a los antepasados más ilustres y las gestas más sobresalientes del difunto. Le correspondió a Nerón hacer la alabanza fúnebre de Claudio siguiendo un texto que le había preparado su maestro Séneca[22]. Dice Tácito que, cuando le tocó a Nerón hablar de la providencia y de la sabiduría de Claudio, al oír sus palabras, «nadie pudo contener la risa»[23]. No es necesario pensar que Séneca fue malicioso o cínico al referirse a defectos de Claudio como a grandes virtudes; era habitual que los discursos fúnebres estuvieran plagados de tópicos y de grandes mentiras[24]. Más significati-

---

[20] Dión Casio, 60, 34, 1-3, no lo duda.

[21] Suetonio, *Nerón*, 8.

[22] Dión Casio, 61, 3, 1.

[23] Tácito, *Anales*, 13, 3, 1-15.

[24] Bien visto en P. Grimal, 1979, pp. 109-111.

vo y más propio de Séneca resultó la novedad de aprovechar el discurso fúnebre para anunciar algunos rasgos del programa político del nuevo emperador.

La Apocolocintosis *de Claudio y las intrigas de Agripina*

Pocas semanas después de morir Claudio, Séneca dio a conocer un panfleto satírico sobre la divinización de Claudio, titulado *Apocolocintosis de Claudio* o «conversión de Claudio en calabaza». Sobre el sentido preciso del título de esa obra se han propuesto otras explicaciones, como la de que pudiera aludir a la expresión popular de «convertirse en calabaza», equivalente a la de morir, o que aludiera a la calabaza utilizada como orinal o bien a la calabaza que se usaba en los ritos de Cibeles y Attis, dioses venerados por Claudio[25]. Si con ninguna de las interpretaciones, Claudio salía bien parado, se tiende a preferir la primera: Claudio no se había convertido en un dios, sino en una calabaza. Con la *Apocolocintosis*, Séneca acudía a un medio de expresión que tenía una larga tradición en Roma. A veces, las sátiras eran auténticas obras literarias, como las de Lucilio, de Varrón o de Horacio; en otras ocasiones, eran breverías maledicentes para desprestigar a políticos o a malos y fatuos escritores. De estas últimas, muy abundantes, más mordaces y con frecuencia groseras, sólo nos quedan retazos aislados.

Al componer Séneca esta obra para ridiculizar a Claudio, castigaba la memoria del emperador que le había mantenido en un largo destierro y lavaba la mancha de su prestigio con la que se había contaminado al escribir la *Consolación a Polibio*. Pero Séneca no sólo pretendía vengarse: en la *Apocolocintosis* presentaba una versión popular sobre las claves para comprender el nuevo gobierno de Nerón.

César fue el primer gobernante romano en ser considerado

[25] Véase J. Mariné, 1996, pp. 64-173. El culto de la diosa frigia Cibeles había sido introducido en Roma en el año 217 a.C., durante la II Guerra Púnica; a pesar de su reconocimiento, se mantuvo como un culto extraño hasta bien avanzado el Imperio: véase J. Bayet, 1984, pp. 130 y ss.

un dios después de su muerte. Augusto y Tiberio también habían sido divinizados. A Claudio se le acababan de decretar igualmente honores divinos. Y en ese momento interviene Séneca relatando, en esta obra, las andanzas de Claudio entre los dioses a la espera de ser aceptado como uno más de ellos.

El tono satírico de la obra se desvela bien en algunas expresiones: así, según Séneca, Claudio «había hecho realidad el proverbio de que lo mejor es nacer rey o bien tonto»[26], había pasado «peleándose sesenta y cuatro años con su alma»[27], hasta que las Parcas decidieron interrumpir «las horas del rey de esa vida estúpida»[28]. Séneca dice que Claudio había sido tan bobo como Baba, nombre de un personaje imaginario conocido por su estupidez[29]. La descripción de la llegada de Claudio a los cielos es aprovechada para presentar algunos de sus rasgos físicos y de comportamiento: «Anuncian a Júpiter que acaba de llegar un individuo alto y muy canoso; no se sabe qué va amenazando pues no deja de mover la cabeza, arrastra el pie derecho; le preguntaron de qué raza era y respondió no se sabe qué con tono agitado y voz confusa; nadie comprende su lengua: no es griego ni romano ni de ningún pueblo conocido»[30].

Claudio en los cielos termina siendo un objeto de discordia entre los dioses que no saben bien qué hacer con él; nadie ve cómo tal individuo puede encajar entre ellos. Al fin encargan a Augusto que lo juzge y haga una propuesta al senado de los dioses. Para Augusto, es claro: Claudio debe ser desterrado del cielo y enviado a los infiernos. Allí recibe castigos de unos y otros hasta que su sobrino Calígula, que tampoco fue divinizado, lo reclama para que sea su esclavo, pero termina desprendiéndose de él y es adjudicado como esclavo de un liberto[31]. De este modo, en los infiernos, Claudio

---

[26] Séneca, *Apocolocintosis*, 1, 1.

[27] Séneca, *Apocolocintosis*, 3, 2.

[28] Séneca, *Apocolocintosis*, 4, 1.

[29] Séneca, *Apocolocintosis*, 3, 4. No debe olvidarse de que, en castellano, sale ese nombre en una expresión hecha «ser bobo de baba».

[30] Séneca, *Apocolocintosis*, 5, 1-3. Con palabras parecidas y señalando los mismos rasgos (alto, pelo canoso, ligera cojera, movimiento continuo de cabeza, cierto tartamudeo, colérico...) lo describe Suetonio, *Claudio*, 20.

[31] El destino final de Claudio en Séneca, *Apocolocintosis*, 15, 2.

volvía a repetir su existencia terrenal de ser esclavo de sus libertos.

Esa mofa de Claudio es sólo un aspecto de la *Apocolocintosis*. La obra está llena de referencias políticas. Así, no es casual que los dioses encarguen a Augusto que lo juzgue, pues el nuevo régimen de Nerón pretende presentarse como descendiente del de Augusto. Las palabras de acusación, puestas en boca de Augusto, que se muestra indignado con la sola presencia de Claudio —«éste que parece no poder espantarse una mosca, mataba hombres con tanta facilidad como un perro se echa en el suelo»[32]— son demoledoras: mientras enumera todas las muertes ordenadas por Claudio (las de las dos Julias, la de Lucio Silano, la de Mesalina...), le incrimina: «¿por qué a quienes mataste [...], los condenaste antes de abrirles un proceso, antes de escucharles?»[33]. Y de paso, Séneca pone en boca de Augusto una valoración análoga de Calígula: «No ha dejado de seguir las huellas a Cayo César desde que murió»[34].

La *Apocolocintosis* presenta así a los emperadores detestables, Calígula y Claudio, como contrastes de la dignidad de Augusto; de Tiberio se hace una breve alusión. Y ese contraste adquiere nueva fuerza al presentar a Nerón como a un nuevo Augusto. El inicio de una nueva era tuvo lugar desde Augusto con la fundación del Imperio. Bajo Nerón, según Séneca, «daba comienzo una época de fortuna». Nerón pasaba así a ser un refundador del Imperio. Al ordenar la muerte de Claudio, las Parcas habían dicho: «Que reine el mejor en la sede vacía»[35]. Augusto se había considerado siempre protegido por el dios Apolo, en cuyo honor le había erigido un templo en la colina del Palatino. Y Nerón era además bello hasta el punto de que el propio Apolo lo compara consigo mismo[36]; sus dotes poéticas recuerdan también a Apolo, protector de las Musas[37]. Así, el nuevo emperador

---

[32] Séneca, *Apocolocintosis*, 10, 3.

[33] Séneca, *Apocolocintosis*, 10, 4.

[34] Séneca, *Apocolocintosis*, 11, 2; recordar que en otro pasaje (15, 2), Séneca sitúa también a Calígula en los infiernos.

[35] Séneca, *Apocolocintosis*, 3, 2.

[36] Séneca, *Apocolocintosis*, 4, 2. Nerón como Apolo, también en Dión Casio, 61, 20, 5.

[37] Séneca, *Apocolocintosis*, 4, 1.

gozaba del apoyo divino de Apolo y, además, presentaba una imagen bella del poder. Desde la lectura en clave política de esta obra, se entiende que las alusiones a las taras físicas de Claudio superan la burda finalidad de ridiculizarlo para situarse como contrapunto de la belleza del nuevo emperador; se acudía así a viejas ideas que habían sido aprovechas al máximo por el propio Augusto, las de que todo buen gobernante debía reunir también una buena presencia física[38].

Séneca aprovecha también esta obra para salir al paso de los rumores malintencionados sobre la muerte de Claudio[39]; la versión oficial, la de Séneca, no deja de ser burlona, aunque fuera cierta: Claudio murió de una indigestión al no poder soltar una ventosidad[40]. Y la obra contiene varios guiños políticos hacia una parte del Senado que no veía bien la amplia concesión del derecho de ciudadanía romana que Claudio había prodigado; pone en boca de Cloto, una de las Parcas, unas palabras cargadas de ironía: «Por Hércules, yo quería añadirle un poquito de vida para que concediera la ciudadanía [romana] a esos poquitos que quedan, pues había tomado la decisión de ver con la toga a todos los griegos, galos, hispanos y britanos»[41]. Y de no menor interés era su mofa de los aduladores; alude a uno de ellos, a Livio Gémino, que había recibido dc Calígula 250.000 sestercios por inventarse la mentira de que había visto a Julia Drusilla, hermana de Calígula, ascender a los cielos[42]. Y los que buscaban el apoyo o el dinero del poder con falsas acusaciones aparecen ahora, durante el entierro de Claudio y mientras el pueblo romano estaba contento y libre, en una situación penosa: «Agatón y otros varios

---

[38] La obra de P. Zanker, 1992, presenta múltiples testimonios de la repetición y de las copias que circulaban de la imagen de un Augusto joven y bello, como correspondía a la imagen que se deseaba trasmitir del poder.

[39] Dión Casio, 60, 34, 1-3, no duda de que Agripina envenenó a Claudio.

[40] Séneca, *Apocolocintosis*, 3, 1.

[41] Séneca, *Apocolocintosis*, 3, 3. Dión Casio, 60, 17, 5-8, acusa a Mesalina y a los libertos de Claudio de recibir dinero a cambio de concesiones del derecho de ciudadanía romana.

[42] Sobre el proyecto de Calígula de divinizar a su hermana Drusila, véase Dión Casio, 59, 11; Séneca, *Apocolocintosis*, 1, 2-3 alude a este mismo personaje.

picapleitos lloraban con profundo dolor; los abogados salían de las sombras, delgados, pálidos, sin aliento...»[43].

Pocos meses después de la muerte de Claudio, Agripina publicó sus *Comentarios*, que sólo conocemos a través de breves alusiones de otros autores. Al parecer, eran unas memorias de su vida con las que pretendía justificar su propia trayectoria política así como los derechos sucesorios de su hijo. Se ha supuesto que, con tal obra, Agripina buscaba a la vez ofrecer alguna información complementaria y, en parte, opuesta a la presentada por Séneca en su *Apocolocintosis*[44]. A comienzos del año 55, Nerón se encontraba ya en la órbita de Séneca y Agripina era una mujer que difícilmente se resignaba a quedar sólo en la sombra.

Desde que se inició el régimen imperial, el Senado había ido quedando como un órgano administrativo y, sólo para ocasiones especiales, se le reconocía la capacidad de asesorar al emperador. Mayor peso político había adquirido el consejo privado del emperador, elegido libremente por él y, por lo mismo, abierto a expertos en distintas ramas, aunque no fueran senadores[45]. Varios componentes del círculo de Séneca estaban incluidos en el consejo de Nerón.

Séneca, como antiguo preceptor, y el prefecto del pretorio, Burro, tenían una posición relevante en tal consejo. Dión Casio dice textualmente que «Séneca y Burro eran a la vez los hombres más cercanos y los más influyentes en la corte de Nerón»[46]. Ambos debieron comenzar frenando la nueva ola de asesinatos ordenados por Agripina, aunque no llegaron a tiempo de impedir el envenenamiento de Junio Silano, procónsul de Asia y biznieto de Augusto, ni el asesinato de Narciso, liberto de Claudio, con el que Agripina mantenía relaciones tensas[47]. Añade Tácito que Séneca y Burro evitaron nuevas matanzas, pues «éstos, directores de la juventud del emperador y de común acuerdo, lo que es raro entre los poderosos, tenían igual posición de influencia en ámbi-

---

[43] Séneca, *Apocolocintosis*, 12, 1-2.

[44] E. Cizek, 1972, p. 14.

[45] Básica resulta la obra de J. Grook, 1955, aunque su contenido principal esté ya recogido en otros estudios posteriores.

[46] Dión Casio, 61, 3, 3.

[47] Tácito, *Anales*, 13, 1.

tos distintos: Burro ayudaba en los asuntos militares y en la severidad de las costumbres, y Séneca en las normas de la elocuencia y en las compañías honestas con el fin de refrenar más fácilmente la edad lujuriosa del príncipe, cuando éste despreciaba el camino de la virtud. Mantenían un único combate contra la ferocidad de Agripina»[48].

La posición de Séneca no era, pues, la de un primer ministro por donde pasaban todas las decisiones importantes. Séneca y Burro debían debilitar la fuerza que mantenía el grupo de Agripina y del liberto Palas, su amante, así como intentar encauzar las influencias de otros asesores sobre el joven emperador con tendencias poco proclives a una vida ejemplar. Al parecer, consideraron más prudente dejar libertad plena al emperador en sus distracciones privadas y frecuentes bacanales en compañía de Otón y Seneción, sus amigos personales, y de la liberta Acte, una de las amantes del emperador que, según Dión Casio, «fue querida por él más que su mujer Octavia»[49].

Sin poder tener un pleno control sobre Nerón, Séneca y Burro iniciaron la difícil tarea de intentar marginar de los círculos del poder a Agripina. Bajo su consejo, Nerón quitó al liberto Palas todas las responsabilidades públicas. Agripina, «mujer insidiosa, siempre atroz y a veces falsa»[50], se revolvió contra su hijo con amenazas de apoyar a Británico, el hijo de Claudio y Mesalina, y hasta con sugerencias lascivas ante su propio hijo Nerón[51].

Los del círculo de Séneca estaban siendo apoyados para ocupar altos cargos en el gobierno del Imperio: el hispano, Pedanio Segundo, llegó a prefecto de la ciudad de Roma, y Lucio Anneo Sereno a la prefectura de los guardianes de la misma ciudad; Tiberio Claudio Balbilo ocupó durante varios años la prefectura de Egipto; el sobrino de Séneca, Mela, era el responsable del abastecimiento de Roma. Otros amigos y simpatizantes de Séneca y de Burro accedieron al gobierno de varias provincias; entre ellos, se encontraba Pompeyo Paulino, situado al frente de una provin-

---

[48] Tácito, *Anales*, 13, 2.

[49] Dión Casio, 61, 7, 1: Acte había llegado a Roma desde Asia como esclava. Tácito, *Anales*, 13, 12.

[50] Así la califica Tácito, *Anales*, 13, 13.

[51] Tácito, *Anales*, 13, 14.

cia de las Germanias, fuertemente armada. ¡Tenía motivos Agripina para sentirse relegada!

El año 55, murió de repente Británico, mientras participaba en un banquete al lado de Nerón. Si nos atenemos a las versiones de los historiadores antiguos[52], Nerón había mandado envenenarlo. Fuera realmente asesinado o muriera de un ataque de epilepsia, como quiso hacer saber la versión oficial[53], lo cierto es que Agripina se quedó sin el cobijo del último estandarte bajo el que pretendía ampararse. Nada permite suponer que Séneca tuvo alguna implicación en la muerte de Británico; incluso Dión Casio, nada simpatizante de Séneca, dice que «tras la muerte de Británico, Séneca y Burro [...] se preocuparon por salvarse a sí mismos»[54]. Si Nerón fue el ordenante del asesinato, disponía de medios suficientes para tomar tal decisión sin contar con sus estrechos colaboradores. Añade Tácito que Nerón, «consciente de su crimen y esperando su perdón, si ataba con larguezas a los más influyentes», hizo donación de casas y villas a sus principales amigos; y parece reprochar a Séneca y a Burro, sin mencionarlos expresamente, que se hubieran beneficiado a pesar de «que hacían gala de austeridad»[55].

Agripina era una mujer que no se daba fácilmente por vencida. Intentó una nueva escaramuza para recuperar parcelas de poder buscando la alianza con Octavia, la esposa de Nerón y hermana de Británico, y la ayuda de algunos de los simpatizantes de Británico. Sin duda, no pretendía destronar a su hijo, pero sí hacerle saber que no debía prescindir de ella. La respuesta de Nerón amenazado fue fulminante: mandó retirar la guardia personal de Agripina y, «después de darla un beso», la envió junto con sus servidores a otra casa separada del palacio imperial[56].

Séneca y Burro habían intercedido para que Nerón no conde-

---

[52] Josefo, *Antigüedades judaicas*, 20, 8, 2, Tácito, *Anales*, 13, 16; Dión Casio, 61, 7, 4.

[53] Versión que Tácito, *Anales*, 13, 16, no se cree.

[54] Dión Casio, 61, 8, 6.

[55] Tácito, *Anales*, 13, 18, 1-2, no ofrece habitualmente imágenes negativas de Séneca; por ello precisa que «otros creían que los había obligado el emperador» a recibir tales regalos para así tenerlos de su lado.

[56] Tácito, *Anales*, 13, 18, 3.

nara a muerte o al destierro a su madre. Tal decisión hubiera roto la imagen pública de un emperador clemente. Ante la marginación de Agripina, reflexiona Tácito diciendo que «ninguna cosa humana es tan poco estable e incierta como la fama del poder no apoyada en la propia fuerza. Al punto, el umbral de Agripina quedó desierto»[57]. Y diríamos que, además, quedó desguarnecido, pues llegó a ser víctima de la acusación de Junia Silana, una antigua amiga y ahora rival, que se sirvió de dos clientes suyos, Iturio y Calvisio, para acusar a Agripina de preparar una revuelta destinada a derrocar a Nerón[58]. Séneca y Burro pudieron demostrar la falsedad de tal acusación.

El apoyo de Burro a Agripina estuvo a punto de costarle el cargo de prefecto del pretorio; Nerón pensó en sustituirlo por Cecina Tusco[59]. Pero Agripina no se paraba en agradecimientos; seguía queriendo controlar el poder de su hijo. En un nuevo intento, jugado a la desesperada, se vertió otra falsa acusación; esta vez contra Burro: sobre él se decía que, con la ayuda del antes todopoderoso liberto Palas, estaba intrigando para poner al frente del Imperio a Cornelio Sila. La acusación era grave, pues este Sila, descendiente de la ilustre familia del antiguo dictador de época republicana, era respetado por los senadores tradicionalistas y estaba además emparentado con el emperador Claudio, con cuya hija mayor, Antonia, estaba casado. El objetivo de la acusación era el de romper el dúo de poder formado por Séneca y Burro. La acusación urdida podía tener una apariencia de verdad, pues Agripina había renovado la amistad con algunos senadores conservadores, como los del grupo de Sila, no del todo desconocidos para Burro[60]. El juicio demostró que se trataba de una pura patraña, urdida por alguno de los allegados de Agripina, si no por ella misma. Desde entonces, Agripina, varias veces derrotada ante Séneca y Burro, perdió todo crédito político ante sus seguidores y tuvo que soportar cómo había perdido también la capacidad de influencia sobre su hijo y hasta el afecto del mismo.

---

[57] Tácito, *Anales*, 13, 19.

[58] Tácito, *Anales*, 13, 19.21.

[59] Tácito, *Anales*, 13, 20, 1-2.

[60] Tácito, *Anales*, 13, 23.

Se le permitió mantener un retiro dorado, aunque siempre atenta a un giro de la fortuna. El odio de su hijo hacia ella fue en aumento hasta el momento en que dio el paso final ordenando el asesinato de su madre en el año 59[61].

Desaparecida Agripina del primer plano de la esfera política en el año 55, Séneca y Burro pudieron al fin ser los artífices de una época dorada del gobierno de Nerón. Hasta los sectores senatoriales más conservadores e incluso un rígido estoico como Peto Trásea, quien fue cónsul en el año 56, se prestaron a colaborar con el gobierno de Nerón.

Sobre la clemencia del emperador

Séneca dio a conocer el tratado *Sobre la clemencia* en una fecha que debe situarse entre fines del año 55 y comienzos del 56[62]. Nerón había superado las pruebas difíciles de su primer año de gobierno y había cumplido ya los dieciocho años[63].

En esa obra, Séneca desarrolla ideas políticas ya enunciadas en su *Apocolocintosis*. Ahora podía presentar además un balance del tiempo de gobierno de Nerón, al que se dirige con la imagen del espejo: «César Nerón, me comprometí a escribir sobre la clemencia para cumplir, de algún modo, la función de un espejo y para mostrarte que tú llegarás a ser la satisfacción mayor de todo el mundo»[64]. Con la alusión al pasado clemente de Nerón, se está librando al emperador de cualquier responsabilidad en castigos o asesinatos de ciudadanos, incluido el de Británico. La clemencia

---

[61] Tácito, *Anales*, 14, 7-8.

[62] Ello indica que hoy se rechaza la fecha anterior del año 54, defendida por F. Préchac, 1967, pp. CII-CXXIV, y la del 58, que tuvo a L. Hermann, 1960, pp. 243 y ss., como principal valedor. Para M. T. Griffin, 1976, p. 396, entre el 15/ XII/ 55 y el 15/XII/56. Argumentos en favor de la datación entre fines del 55 y comienzos del 56 se encuentran en varios autores como P. Grimal, 1979, pp. 119-121; E. Cizek, 1972, pp. 96 y ss.

[63] Edad que señala Séneca, *Sobre la clemencia*, 3, 7, 1.

[64] Séneca, *Sobre la clemencia*, pref. 1, 1. Debe recordarse que Séneca dedicó mucha atención al estudio de los espejos, de la refracción y reflexión de la luz: véase sus *Cuestiones naturales*, I, 3-8.

del emperador, tan cortamente probada, se transforma en el eje de todo su futuro programa de gobierno.

Nerón es presentado como el refundador del Imperio y el continuador de la política de Augusto, aunque superior al propio Augusto, pues éste había tenido unos comienzos, durante el Segundo Triunvirato, muy alejados de cualquier comportamiento político regido por la clemencia: «El divino Augusto fue un príncipe lleno de dulzura, si se le juzga sólo a partir de su gobierno personal. Durante los conflictos de la República, empleó la espada, cuando tenía la edad que tú [Nerón] tienes ahora, los dieciocho años. Después de sus veinte años, clavó el puñal en el seno de sus amigos, tanto cuando se dirigió con insidias al flanco de Marco Antonio, como cuando fue su colega de las proscripciones»[65].

La presentación de Augusto, en cambio, como modelo de emperador clemente, se concreta con el recuerdo de testimonios del perdón concedido a quienes conjuraron contra él[66] y a los que habían estado luchando al lado de su enemigo Marco Antonio (los Salustio, Coceyo, Delio...); tras perdonarles, los tuvo como amigos y aliados incondicionales[67]. Para Séneca, Augusto se había ganado con su clemencia el título de padre de la patria, título del que ya Nerón era un digno merecedor, pues había dado pruebas de no «haber vertido jamás la sangre de los ciudadanos»[68]. Y esa idea de un pasado de Nerón —un pasado muy corto, ciertamente—, limpio de crímenes, la repite Séneca en otros pasajes de la misma obra[69].

Adquieren ahora pleno sentido diversas alusiones de otros escritos de Séneca a los grandes ejemplos de comportamientos

---

[65] Séneca, *Sobre la clemencia*, 3, 7, 1-2. Después enumera comportamientos de Augusto regidos por la clemencia, los posteriores; pero en otro pasaje (3, 9, 1) aún recuerda: «... [Augusto] en su juventud estuvo enardecido, llevado por la cólera, cometió varios crímenes sobre los cuales echaba su mirada contra su voluntad».

[66] El relato sobre el perdón concedido a Lucio Cornelio Cinna es minucioso en Séneca, *Sobre la clemencia*, 3, 7, 3-12: «Te concedo la vida, Cinna, por segunda vez; primero a ti como enemigo, ahora como conspirador y parricida.»

[67] Séneca, *Sobre la clemencia*, 3, 8, 1.

[68] Séneca, *Sobre la clemencia*, 3, 8, 2.

[69] Baste ver Séneca, *Sobre la clemencia*, 1, 1, 5-6.

políticos de la época republicana de Roma. Séneca nunca soñó que era necesario restaurar la República; los buenos ejemplos políticos de aquella época son presentados por Séneca sólo como testimonios de referencias morales. Más aún, la idea de Séneca era muy clara, como se desprende de sus palabras: «En efecto, la naturaleza inventó la monarquía, como puede advertirse en otras sociedades de animales y también en la de las abejas»[70]. Esa comparación con las abejas le sirve a Séneca para justificar la necesaria unidad del poder como regla absoluta y también para advertir que, mientras las abejas son coléricas y combativas, su rey es el único que no tiene aguijón. Para Séneca, el emperador tiene un poder absoluto sobre todos sus súbditos; pone en boca de Nerón estas palabras: «Sí, soy yo quien decide sobre la vida y muerte de los pueblos; la suerte y la condición de todos han sido puestas en mis manos; lo que la fortuna quiera conceder a cada uno de los mortales, lo hace conocer por mi boca; los pueblos y las ciudades reciben motivos de alegría a partir de mis decisiones; ninguna parte [del Imperio] es próspera sin mi voluntad y mi favor...»[71]. Y se justifica tal poder absoluto porque el emperador desempeña en la tierra la función de los dioses[72].

Séneca está aplicando al Imperio Romano una concepción del poder, semejante al de las monarquías orientales. Sin decirlo expresamente, se está alejando de la propaganda política de Augusto, en la que, aunque sólo fuera formalmente, el régimen imperial era presentado como heredero y continuador de la República. Más aún, está defendiendo un modelo de gobierno que recordaba al del odiado Calígula, aunque Séneca advertía que los mayores odios contra Calígula derivaban de sus desmanes más que de su inoportunidad política.

Séneca acude a la analogía del cuerpo y del alma para justificar de otro modo el poder absoluto del emperador, que es el alma del Imperio: «Esa enorme población [el cuerpo], situada en

---

[70] Séneca, *Sobre la clemencia*, 3, 17, 2.

[71] Séneca, *Sobre la clemencia*, pref. 1, 2.

[72] Séneca, *Sobre la clemencia*, pref., 1, 2. El texto que nos ha llegado sobre la concesión de poderes al emperador Vespasiano, conocido como *lex de imperio Vespasiani*, presenta estas mismas ideas del poder omnímodo que tenían los emperadores; el texto se puede ver en *F.I.R.A.*, I, 155-156.

torno de un solo ser vivo [el alma/emperador] obedece a su soplo [del emperador], es gobernada por su razón, está amenazada de ensombrecerse y de quebrarse, si no es sostenida por su consejo [del emperador]»[73]. Pero a ese poder absoluto le pone unos límites, los mismos que se ponen los dioses, que deben servir de modelo de referencia para todo buen emperador, pues «si los dioses, clementes y justos, no castigan al instante con rayos los delitos de los poderosos, es más justo que un hombre puesto al frente de los hombres sea benévolo en el ejercicio de su mando»[74].

Según Séneca, poco importa que el poder lo ostente alguien con el título de tirano o de rey; lo que hace a un buen gobernante no es el nombre sino su clemencia, su capacidad de perdonar[75]. Pues la «clemencia es la capacidad del espíritu cuando tiene el poder de vengarse o la indulgencia de un superior cuando fija el castigo a un inferior»[76]. Y Nerón, que ha demostrado su «gran humanidad» para Séneca[77], será más grande si sigue siendo más clemente. Y precisa Séneca que, para adaptarse fielmente al modelo, no basta cualquier manifestación de perdón, es preciso que el emperador siga las máximas esenciales de los dioses, que hacen el bien, conceden con magnanimidad y usan su poder para acrecentar la dicha de los hombres; siguiendo ese camino, el emperador terminará siendo «el más grande» siempre que pase igualmente por ser «el mejor»[78]. Séneca estaba utilizando unos términos que habitualmente sólo se aplicaban al referirse a Júpiter como Óptimo y Máximo.

---

[73] Séneca, *Sobre la clemencia*, 3, 1, 5.

[74] Séneca, *Sobre la clemencia*, 3, 4, 2.

[75] Séneca, *Sobre la clemencia*, pref. 2, 3. Sobre los múltiples paralelos que tiene el conjunto de la obra de Séneca o partes de la misma con tratados sobre las formas de gobierno en autores anteriores a él, se ha escrito mucho. Se han rastreado precedentes en la Grecia clásica (Platón, Aristóteles, Sócrates...) y también en las obras de Cicerón. Una buena síntesis en M. T. Griffin, 1976, pp. 142-154; en cualquier caso, Séneca no se limitó a repetir lugares comunes por más que los conociera, sino a resaltar los elementos que mejor se adaptaban para su proyecto político y más acordes con su ideología estoica.

[76] Séneca, *Sobre la clemencia*, 1, 1, 1.

[77] Séneca, *Sobre la clemencia*, pref. 2, 3.

[78] Séneca, *Sobre la clemencia*, 3, 17, 9.

Al definir la clemencia, opuesta a la severidad y a la crueldad, Séneca precisa que no debe confundirse con la compasión, sentimiento «cercano a la miseria» y «estado blando del alma conmovida ante el exceso de miseria»[79]. Séneca habla de la clemencia, tal como la entendían los filósofos estoicos que sostenían una doctrina capaz «de dar buenos consejos a príncipes y reyes», pues «ninguna secta [de filósofos] tiene más bondad y dulzura, ninguna tiene más amor por los hombres, ni está más atenta al bien de todos»[80]. La clemencia del poder debe ser la clemencia del sabio que sabe prever los acontecimientos, que siempre tiene los recursos preparados, que imagina las medidas útiles, evita los peligros, valora los daños y no se deja caer en la compasión; pues el objetivo del sabio, de un monarca sabio, no es compadecerse de los demás, sino ayudarles, serles útil, asistirles y asegurar la dicha pública[81]. El sabio, el emperador sabio y por lo mismo clemente, «socorrerá a los que lloran, pero sin llorar con ellos».

La idea de Séneca sobre el poder absoluto del emperador lleva añadida la otra de la esclavitud del poder: el emperador está obligado a ir protegido, sus movimientos son percibidos por todos, debe estar dispuesto a soportar muchas injurias...; pero esta esclavitud «es común a la de los dioses, pues también el cielo los tiene encadenados y, para ellos, bajar es tan imposible como peligroso para ti [Nerón]»[82].

La recompensa del buen gobernante, del que se rija por la clemencia, aquella que como la tuya —le dice a Nerón— reside en no haber derramado jamás sangre de los ciudadanos, tal clemencia es el soporte más seguro de los tronos[83]. Y Séneca hace una larga digresión contrastando la clemencia del emperador, la

[79] Séneca, *Sobre la clemencia*, 2, 4.

[80] Séneca aprovecha para hacer una defensa del estoicismo, pues sabe que «tiene mala reputación entre los ignorantes»: Séneca, *Sobre la clemencia*, 2, 3, 2-3. Y añade todo un listado de las «bienaventuranzas» de los estoicos: Séneca, *Sobre la clemencia*, 2, 4, 2-3.

[81] Séneca, *Sobre la clemencia*, 2, 4, 2-3.

[82] Séneca, *Sobre la clemencia*, 3, 6, 3.

[83] Agamenón, en Séneca, *Troyanas*, vv. 258-259, habla por boca del autor de la obra cuando dice: «Un imperio de la fuerza jamás ha sido conservado largo tiempo, un imperio moderado es duradero».

mejor muralla del Imperio y la mejor protección de su persona, con la crueldad de los gobernantes que les conduce a quedarse sin apoyos, sin protección y a temer a los dioses y a los hombres, pues «entre todos los inconvenientes de la crueldad, el peor de todos es el que exije perseverar, pues toda vuelta a comportamientos mejores resulta imposible»[84].

Séneca conocía bien que era difícil de controlar dos tendencias naturales de Nerón: la de su crueldad y la del deseo desmedido de ser admirado y querido. Con el tratado sobre la clemencia, advertía a Nerón de las consecuencias funestas de dejarse llevar por la cólera y de las ventajas que obtendría al ejercer la clemencia, pues llegaría a ser el emperador más grande; y más querido que el propio Augusto. Más aún, Séneca aceptaba que Nerón se situase en una posición semejante a la de los monarcas orientales, intermediarios entre los dioses y los hombres. Esa posición había querido tener Calígula. Séneca lo sabía bien. Pero Séneca había dejado muy claro que Calígula no lo había logrado por dejarse llevar por la crueldad.

Este tratado sobre la clemencia equivalía a justificar el poder absoluto del emperador, pero era también un reconocimiento de la realidad que Séneca había podido constatar en la forma de ejercer el poder los emperadores anteriores. Séneca había introducido un componente nuevo: el absolutismo dejaba de ser tal, si Nerón se atenía a los compromisos éticos y, ante todo, a la práctica de la clemencia. Así, bajo la forma de reconocer a Nerón todos los poderes, estaba induciéndole a moderarlos, a ser copartícipe de los mismos con otros sectores de la oligarquía romana.

Séneca y el quinquenio áureo

Se ha llamado quinquenio áureo a la primera época de Nerón, aquella en la que su gobierno estuvo orientado por las influen-

[84] Séneca, *Sobre la clemencia*, 3, 11, 2. La misma idea se repite en varias tragedias de Séneca; así, en el *Hércules Eteo*, vv. 1590-1592, se dice: «que en ninguna corte gobierne despóticamente un rey, que crea que el único honor de su reino es el de mantener siempre la espada amenazando».

cias dominantes de Séneca y de Burro. Pero no es necesario buscar un acontecimiento histórico relevante que marque el final de esos cinco años. Hubo varios que fueron anunciando el deterioro progresivo del régimen. Fue un hecho grave el asesinato de su madre Agripina en el año 59, momento de máxima rivalidad entre Agripina y Sabina Popea, la nueva e influyente amante de Nerón, pero no lo fue menos la progresiva participación de Nerón en juegos y certámenes literarios y musicales, que arruinaban la imagen pública del emperador, además de agotar los fondos del tesoro público. Mientras Séneca y Burro mantuvieron su influencia, las crisis del poder eran pasajeras. Todo cambió con la muerte de Burro en el año 62, momento que aprovechó Séneca para pedir a Nerón que le permitiera retirarse a la vida privada.

Dentro de las dificultades para fechar las obras de Séneca, hay apoyos suficientes para datar en los años del quinquenio áureo su tratado *Sobre la vida feliz* y su otro *Sobre los beneficios*. Si ambas obras contienen reflexiones sobre el poder, no indican nada concreto sobre la actuación política de Séneca durante estos años. Se debe deducir del análisis de diversas medidas neronianas, relatadas por otros autores.

Obra de Séneca y de Burro fue sin duda la buena relación entre Nerón y el Senado. Naturalmente, siguió habiendo condenas de senadores y caballeros, pero como resultado de procesos regulares y siempre que se hubiera probado la culpabilidad grave y sistemática de los acusados, generalmente reos de haber extorsionado a los provinciales. Eran casos como el de Vipsanio Lenas que «había gobernado con codicia la provincia de Cerdeña»[85], como el de Publio Céler que había estado al frente de la provincia de Asia o como el de Cosuciano Capitón, «hombre infame y deshonrado», denunciado por los de Cilicia[86]. Eran años en los que el estoico Peto Trásea se podía permitir oponerse a la mayoría senatorial por lo que consideraba decisiones insensatas como

[85] Tácito, *Anales*, 13, 30, desvela también que otros fueron absueltos; entre ellos, Cestio Próculo, acusado falsamente por los de Creta. Se trata de procesos del año 56.

[86] Los procesos contra estos dos últimos tuvieron lugar en el año 57, cuando Eprio Marcelo, acusado por los licios, resultó ser inocente: Tácito, *Anales*, 13, 35.

la de permitir «a la ciudad de Siracusa sobrepasar el número fijado para los juegos gladiatorios»; más tarde, Peto Trásea tuvo que dejar de ir al Senado para no enfrentarse a la opinión dominante, marcada por los aduladores del emperador[87].

Otra prueba del talante del régimen se puso de manifiesto en el año 58, cuando Nerón compartía el consulado epónimo con Valerio Mesala, un hombre de noble familia pero de escasos recursos. Para mantener su prestigio, el emperador concedió a Mesala «una cantidad anual de quinientos mil sestercios, con el fin de que Mesala pudiera, con ellos, aliviar su honrada pobreza»[88]. La ayuda a Mesala y a otros senadores recordaba gestos políticos semejantes que habían tenido Augusto y el propio Tiberio.

Como formula bien Tácito, «quedaba una cierta imagen de la República»[89], pues los senadores discutían con libertad sobre cuestiones tan dispares como la de decidir si era necesario atajar de algún modo las deslealtades de algunos libertos[90] o bien sobre cómo regular los conflictos de competencias entre los magistrados romanos[91].

El nuevo talante del régimen permitió que el propio Séneca fuera objeto de acusaciones sistemáticas por parte de Publio Suilio, un personaje deleznable y venal que había tenido su época dorada bajo el gobierno de Claudio, cuando había desplegado sus peores mañas de acusador profesional a cambio de dinero. Suilio, a pesar de su avanzada edad, no había moderado su natural agresividad que le había sido antes tan rentable. Ahora, en el año 58, sostenía una campaña sistemática de desprestigio contra Séneca, al que acusaba de mal orador, de seductor de mujeres de la familia

---

[87] El asunto de los juegos gladiatorios de Sicilia era una cuestión menor que se planteó en el año 58. Los que estaban contra Trásea le reprochaban su rigidez y añadían que «los senadores podían decir lo que quisieran cada vez que tenían el derecho de expresar su opinión» (Tácito, *Anales*, 13, 49).

[88] Tácito, *Anales*, 13, 34, dice que Nerón concedió también una ayuda anual a Aurelio Cotta y otra para Haterio Antonino, a pesar de ser conocidos como despilfarradores de sus respectivos patrimonios familiares.

[89] Tácito, *Anales*, 13, 28, 1.

[90] La discusión compleja, con la exposición de los argumentos encontrados, en Tácito, *Anales*, 13, 26-27.

[91] Tácito, *Anales*, 13, 28-29, se refiere al año 56.

imperial[92] y de avaro por haber ganado en sólo cuatro años y gracias a su amistad con el emperador la elevada suma de trescientos millones de sestercios[93]. Esta última acusación tiene un reflejo parcial en la obra de Tácito, cuando recuerda que, a raíz del asesinato de Británico, Nerón quiso comprar el perdón de sus colaboradores con dinero[94]. Y el historiador Dión Casio recoge sin ninguna crítica una versión aún más dura que la de Suilio, cuando añade, después de relatar los supuestos adulterios de Séneca: «No era sólo este aspecto en el que su [de Séneca] conducta se manifestaba totalmente opuesta a los preceptos filosóficos que divulgaba, pues había otros. De hecho, mientras dirigía el dedo contra los tiranos, estaba ejerciendo el papel de maestro de un tirano; mientras atacaba a los colaboradores de los señores absolutos, no se abstenía de participar en la vida del Palacio; mientras se lamentaba de los aduladores, él mismo había adulado a Mesalina y a los libertos de Claudio hasta el punto de dedicarles un libro[95] desde la isla en que se encontraba exiliado, un libro que después le daba vergüenza reconocer; mientras echaba en cara a los ricos su condición, él mismo estaba en posesión de una fortuna de trescientos millones de sestercios»[96] —y siguen otras acusaciones—. Ese texto de Dión Casio, que junta todas las acusaciones para darles más fuerza, ha dado pie para que muchos historiadores posteriores hayan acusado a Séneca de cinismo. Pero la cuestión es más compleja, como veremos. Baste advertir ahora la variante de las dos versiones: para Dión Casio, la fortuna de Séneca ascendía a trescientos millones de sestercios, mientras, para Suilio, esa era sólo la cantidad que Séneca había recibido de Nerón.

---

[92] Suilio se refería al supuesto adulterio de Séneca con Julia y a sus dudosas relaciones iniciales con Agripina, ambas acusaciones probablemente falsas, a pesar de que Dión Casio, 61, 10, 1-2, las acepte como verdaderas.

[93] Tácito, *Anales*, 13, 42, 3-4. Aunque la cifra fuera real, forma parte de las muchas donaciones que hacía Nerón a sus amigos. Esa versión negativa de Séneca en Dión Casio, 61, 10, 2-6, que parece haber asumido las acusaciones de Suilio.

[94] Tácito, *Anales*, 13, 18, 1-2.

[95] Alude a Séneca, *Consolación a Polibio*, dirigido a Polibio e indirectamente a Claudio, no a Mesalina.

[96] Dión Casio, 61, 10, 2-3.

La paciencia de Séneca tuvo su límite. Por otra parte, resultaba fácil el acusar a Suilio de múltiples fechorías. Tras un proceso ordinario, Suilio fue condenado en el año 58 a una relegación a las islas Baleares, donde, pudo llevar «una vida lujosa y muelle», hecho que ilustra la clemencia del propio Séneca[97], pues estaba en condiciones de poder presionar para que Suilio recibiera un castigo más severo.

Séneca era un decidido pacifista. En sus *Cuestiones naturales* dice: «Sí, la providencia y el dios ordenador del mundo creó el aire para que los vientos estuvieran en movimiento [...]; no lo hizo para que llenáramos de soldados armados las flotas destinadas a adueñarse del océano y buscáramos a los enemigos en el mar o más allá del mar. ¿Qué locura nos mueve para destruirnos unos a otros?»[98]

Séneca y Burro orientaron la política pacifista del emperador con los pueblos exteriores. La verdad es que no les debió resultar difícil, pues Nerón prefería el teatro y los espectáculos. El Imperio tenía unas dimensiones inmensas y no parecía preciso embarcarse en nuevas aventuras expansionistas, siempre costosas y de resultados poco predecibles. Se había convertido en una tradición el que todos los grandes generales de Roma y, más tarde, los emperadores añadieran nuevos dominios al Imperio. Hasta Calígula, a pesar de su corto mandato, se sintió obligado a realizar su propia campaña en Germania, por más que se tratara de un remedo ridículo de guerra; le había resultado más fácil anexionarse el reino cliente de Mauritania por el simple procedimiento de mandar asesinar al rey Ptolomeo, el hijo de Iuba II, amigo y estrecho colaborador del Imperio[99]. Incluso Claudio podía ofrecer al pueblo romano la gesta de haber conquistado Britania[100]. Nerón no añadió nuevos territorios al Imperio; se limitó a dar órdenes a su ejército para impedir que se produjera un repliegue de las fronteras. Hacer lo contrario hubiera sido un signo excesivo de debilidad que no lo hubiera perdonado ni el ejército ni el Senado.

---

[97] Tácito, *Anales*, 13, 43, 5.

[98] Séneca, *Cuestiones naturales*, 5, 18, 5-6.

[99] Lo relata Dión Casio, 59, 25.

[100] Dión Casio, 60, 19-20.

Cuando, en el año 58, los partos amenazaron la frontera oriental del Imperio con el intento de controlar Armenia, Nerón respondió encargando la dirección de la campaña a Corbulón, uno de los mejores generales de entonces. Según Tácito, éste «encontraba mayores dificultades en la cobardía de sus soldados que en la perfidia del enemigo. Así, las legiones traídas de Siria, embotadas por una larga paz, soportaban mal las obligaciones de la guerra»[101]. Pero, con la ayuda de nuevas tropas, Corbulón pudo terminar la guerra y tomar Artaxata, la capital de aquel pueblo. Y Corbulón tomó decisiones del mismo rango y tono que cualquier otro general romano venciendo a sus enemigos declarados; así, tras el éxito de una batalla, mandaba pasar por las armas a todos los adultos y enviar a los supervivientes a los mercados de esclavos[102]; la ciudad de Artaxata, a pesar de entregarse al fin sin ofrecer resistencia, fue quemada y arrasada para que no volviera a convertirse en refugio de enemigos[103]. Los éxitos militares de Corbulón sirvieron para que Nerón, sin haber estado siquiera cerca de los escenarios de la guerra, pudiera ser proclamado *imperator*, título concedido a los generales victoriosos.

Y algo semejante a lo hecho por Corbulón en Oriente tuvieron que realizar otros mandos de las legiones ante las revueltas locales de menor entidad que tuvieron lugar en Germania durante el año 58[104] o ante los intentos de las poblaciones indígenas de Britania, en el año 61, por recuperar la libertad perdida[105]. Muchos romanos podían apoyar una política de contención en el expansionismo, pero ninguno hubiera aceptado que un emperador permitiera perder territorios conquistados antes.

---

[101] Tácito, *Anales*, 13, 35, 1. Y Tácito añade detalles sobre ese ejército que son bien elocuentes: «había veteranos que nunca habían hecho guardias ni vigilancias nocturnas, que, sin yelmos y sin corazas, miraban las empalizadas y los fosos como algo nuevo y extraño, bien vestidos y dados a los negocios, puesto que habían hecho todo su servicio en las ciudades».

[102] Tácito, *Anales*, 13, 39, 4-5.

[103] Un relato detallado de esta guerra entre Roma y los partos en Tácito, *Anales*, 13, 34-41.

[104] Tácito, *Anales*, 13, 53-58.

[105] Sobre los incidentes de esta complicada y grave revuelta, véase Tácito, *Anales*, 14, 29-39.

Esta política exterior sin ambiciones expansionistas beneficiaba a todo el Imperio, pero de modo particular a las provincias que podían verse libres de tener que aportar tropas y contribuciones extraordinarias para sufragar los gastos de guerra. También favorecía a las provincias, lo mismo que a las capas populares de Roma, el proyecto del año 58 de suprimir los impuestos indirectos que cobraba el Estado. De todos ellos (por determinadas transmisiones testamentarias, por manumisión de esclavos...), el más importante era el de peaje que iba gravando el precio de las mercancías cada vez que pasaban un límite provincial. Sin el pago del peaje, muchos productos de las provincias podían ser competitivos en Roma y en Italia, lo que beneficiaba a los provinciales y a las capas populares de todas las ciudades. Pero, con la supresión de los impuestos indirectos, se ponía en un fuerte aprieto a muchas sociedades de publicanos que habían contratado con el Estado la recaudación de los mismos. También la economía de los senadores, grandes propietarios de tierra en Italia, sufriría los efectos de la competencia de las provincias[106].

La intención de los asesores de Nerón era buena y podía haber significado un paso importante para que Italia y las masas parasitarias de Roma hubieran cedido parte de sus privilegios en beneficio de la mejora de las condiciones de vida de los provinciales. Era una medida justa que, sin duda, reflejaba una de las aspiraciones de los estoicos, la de la búsqueda de una mayor igualdad entre los hombres. Pero era difícil de aplicar y pronto encontró fuertes resistencias. A pesar de no recibir su aprobación por el Senado, dio pie para emitir nuevas leyes que suavizaran la condición de los provinciales; a ellas se refiere Tácito cuando dice que el emperador mandó «que todas las leyes fiscales, mantenidas ocultas hasta entonces, quedaran fijadas en un lugar visible [...] y que, en las provincias, quienes fueran propretores o procónsules emitieran sentencia en los procesos contra los publicanos, sin hacerlas esperar turno»[107]. Así, si los

---

[106] La discusión sobre esta medida en varios autores modernos: cf. P. Grimal.

[107] Tácito, *Anales*, 13, 51. La medida debió crear un precedente importante, pues, en las leyes de los municipios creados a partir de los emperadores Flavios, se percibe un cuidadoso control de todas las cuestiones que afectaban a las finanzas públicas.

consejeros de Nerón no consiguieron el objetivo máximo, lograron al menos introducir medidas para sanear la administración fiscal y moderar la codicia habitual de los publicanos. Y Séneca cumplía así una parte del programa del que participaba con su amigo Sereno para conseguir la tranquilidad del alma: «Me complace seguir con energía nuestros preceptos y mezclarme en la vida pública. Me complace seguir la carrera de los honores, no por la púrpura [...], sino para estar en mejores condiciones de servir a mis amigos y a mis allegados y a todos mis conciudadanos y, en definitiva, a todos los hombres»[108]. Respondía así a una de las máximas de los estoicos, la de «profesar que nuestra patria es el universo»[109].

Mayores dificultades encontraban Séneca y Burro para encauzar las tendencias naturales de Nerón. Le habían encubierto sus amores con la liberta Acte[110]; por más que terminaron siendo de conocimiento general, se consiguió al menos que, ante la opinión pública, pasaran como una simple cuestión de alcoba. Pero desbordó el marco de lo privado el amor apasionado de Nerón por Sabina Popea, perteneciente a una vieja familia senatorial y «mujer que tenía todas las virtudes, salvo un alma honrada», pues añade Tácito, que «sus riquezas se equiparaban a su ilustre ascendencia, era de conversación agradable y de inteligencia destacada; dándose a la lascivia, aparentaba recato [...]. No se preocupó jamás de la opinión ajena, sin distinguir entre maridos y amantes [...]; orientaba su pasión hacia donde encontraba utilidad»[111].

Otón, amigo personal de Nerón y compañero habitual de fiestas, a la vez de segundo marido de Popea, hacía tales alabanzas de las cualidades de su mujer que Nerón terminó interesándose por ella[112]. En el año 58, Otón fue enviado lejos de Roma,

---

[108] Séneca, *Sobre la tranquilidad del alma*, 1, 10; idea que repite en otros pasajes de esta obra (3, 1; 3, 3) y de otras.

[109] Séneca, *Sobre la tranquilidad del alma*, 4, 4.

[110] Sobre Acte, véase Tácito, *Anales*, 13, 12; 13, 46, 2. Dión Casio, 61, 7,1, y en 61, 4, 1-5, dice que Séneca y Burro daban libertad a Nerón en su vida privada.

[111] Con esas y semejantes palabras la describe Tácito, *Anales*, 13, 45.

[112] Tácito, 13, 46, 1-2, presenta el relato como si Otón deseara realmente compartir su mujer con Nerón para estrechar los vínculos que ya le unían al emperador y reforzar su poder. Se puede al menos dudar de que Otón tuviera realmente tales intenciones atendiendo a lo que fue su destino posterior.

como gobernador de la provincia hispana de Lusitania, mientras Popea quedó en Roma, ya como amante de Nerón.

Por más que Agripina se había resignado a mantenerse en un segundo plano en la vida política, no había perdido las esperanzas de recuperar mayor influencia sobre su hijo. La aparición de Popea en el círculo de Nerón dio pie para que se planteara un duelo clásico entre inminente nuera y futura suegra, redoblado por el fuerte carácter de ambas y por el deseo de las mismas de ocupar una posición de privilegio como asesoras de Nerón. En la descripción del drama de odios en que se debatían estas mujeres, Tácito recoge una versión en la que se presentaba a Agripina dispuesta a todo para no perder la batalla: «en varias ocasiones, se ofreció a su hijo, cuando estaba borracho, muy arreglada y dispuesta al incesto»; atribuye a Séneca el hacer llamar a la liberta Acte para evitar que los besos lascivos y las ternuras de la madre culminaran en la infamia del incesto[113]. ¡A qué niveles tenía que rebajarse un buen consejero privado!

El mismo año 59, Nerón, sin duda presionado por Popea, tuvo que optar por mantener sólo un vínculo con una de las dos mujeres. Y el amor pasional se impuso sobre el ya debilitado amor filial. Desde entonces, «Nerón evitaba los encuentros a solas con su madre» y terminó por decidirse a matarla, presionado por Popea[114]. Pero no le resultó fácil. El primer intento, el de un programado naufragio en barco, lleno de peripecias rocambolescas para evitar posibles delatores y la falta del colaboración del tiempo —aquel día se presentó con «una noche clara y serena de estrellas con un mar calmado»— resultó un fracaso[115]. El autor de la idea fracasada, el liberto Aniceto, fue el encargado de terminar la tarea: Agripina fue asesinada en la cama de su propia villa, cosida a cuchilladas por asesinos mandados por Aniceto[116].

La versión oficial del asesinato de Agripina era muy diferente: la madre había intentado dar muerte a Nerón por medio de

---

[113] Tácito, *Anales*, 14, 2, 1-2.

[114] Tácito, *Anales*, 14, 3; Dión Casio, 61, 12, 1.

[115] Todos los detalles en Tácito, *Anales*, 14, 3-7. También Dión Casio, 61, 13, 1-4.

[116] Tácito, *Anales*, 14, 8; Dión Casio, 61, 13, 5.

Agermo, uno de sus libertos de confianza, y, al fracasar, ella misma se había castigado. Para evitar cualquier indagación aclaratoria, Nerón ordenó que fuera incinerada esa misma noche[117]. Por más que hubo maledicentes que quisieron implicar a Séneca en la responsabilidad del crimen[118], Tácito considera que la trama del asesinato se gestó al margen de Séneca y de Burro[119]. Y la misma versión de un Nerón matricida y de un Séneca inocente se repite en otros autores[120].

El Senado se plegó a aceptar como válida la versión oficial de que Agripina dirigía una conspiración para derrocar a su hijo. Quintiliano dice que Séneca se sirvió de sus conocimientos literarios para, mediante un giro en la expresión, hacer creer que Nerón estaba en peligro, pues el mensaje enviado por Nerón al Senado y escrito por Séneca decía: «Aún no puedo creer ni alegrarme de que yo esté a salvo»[121]. La frase era sin duda ingeniosa. Sólo el venerable Peto Trásea, abochornado por las inmerecidas adulaciones que se otorgaban a Nerón, abandonó ostensiblemente la curia durante la sesión en que se decretaban más honores al emperador por la gesta de haber salvado al Estado. Se había roto la época de clemencia del emperador. Para disimular el nuevo giro político, Nerón concedió una amnistía a ilustres exiliados, a los que se presentaba como víctimas de la saña de Agripina[122].

Eran conocidos los excesos de la vida privada de Nerón. Ya en el año 56, cuando de noche, disfrazado de esclavo, recorría

---

[117] Tácito, *Anales*, 14, 9-10.

[118] Maledicencias de las que se hace eco Dión Casio, 61, 10, 2-6.

[119] Tácito, *Anales*, 14, 11, 3: «el propio Séneca era objeto de comentarios adversos» a raíz de la muerte de Agripina. Y cuando, tras el fracaso del naufragio, Nerón dudaba sobre qué hacer, dice Tácito, *Anales*, 14, 7, 2-3, que ni Burro ni Séneca prestaron ninguna colaboración.

[120] Así, Juvenal, *Sátiras*, VIII, 210-225, donde presenta a Nerón manchado con la sangre de su madre.

[121] Quintiliano, *Instituciones oratorias*, 8, 5, 18.

[122] Tácito, *Anales*, 14, 12, 3-4, enumera los casos de Junia, Calpurnia, Valerio Capitón, Licinio Gábolo, Iturio y Calvisio; además se permitió también que se trajeran las cenizas de Lolia Paulina (Tácito, *Anales*, 12, 1; 12, 22), la que había sido desterrada por ser rival de Agripina como candidata al matrimonio con Claudio.

con sus amigos los burdeles de la ciudad, había estado a punto de ser asesinado[123]. Pero resultaban más peligrosas para la vida política sus desmedidas ansias de saciar su vanidad con los aplausos del pueblo. El mismo año del asesinato de su madre, decidió que había llegado el momento de cumplir todos sus deseos como el de subir sobre una cuadriga o el de cantar composiciones personales acompañado de la cítara. Dice Tácito que «no había modo de frenarlo; entonces, Séneca y Burro decidieron concederle una de aquellas cosas para que no terminara haciendo las dos», actividades consideradas deshonrosas para un emperador[124]. Y Nerón se dedicó con entusiasmo a conducir caballos en el circo situado en la llanura del Vaticano; para garantizar su éxito ante el público de Roma, compró cuantos apoyos necesitaba[125].

Enfervorizado por sus primeros éxitos pagados, Nerón comenzó a desoír sistemáticamente los consejos de Séneca y de Burro. Entró en una fatua espiral de búsqueda de honores y de aplausos que no cesó hasta el fin de sus días. En el mismo año 59, instituyó los Juegos Juvenales, en los que se representaban piezas teatrales griegas o romanas y se escenificaban mimos. Nerón estimulaba a jóvenes y a mayores para que participaran exhibiendo sus mejores dotes de histriones; al fin, se presentó él mismo en escena tocando la cítara y acompañado de músicos y soldados. Hasta el propio Burro se vio obligado con dolor a salir a escena. Y no eran menos famosos sus grandes banquetes en los que aprovechaba para ensartar versos o para provocar discusiones entre filósofos de distintas escuelas[126]. El máximo símbolo del poder había perdido toda su dignidad. Más aún, estaba derrochando a manos llenas los fondos del tesoro público[127].

---

[123] Tácito, *Anales*, 13, 25.

[124] Tácito, *Anales*, 14, 14. La pasión desmedida de Nerón por los caballos y las carreras queda bien reflejada en la versión de Dión Casio, 61, 6, 1-3.

[125] Tácito, *Anales*, 14, 14, 3-4. Un método muy común de comprar la simpatía del público era el de distribuir dinero u otros regalos, además de hacer gratuitos los espectáculos. En ocasiones, se hacían llover de lo alto monedas o téseras cangeables después por otros bienes; tal sistema era conocido como el de los *missilia*: véase M. Clavel-Lèvêque, 1984.

[126] Tácito, *Anales*, 14, 15-16.

[127] Dión Casio, 61, 18, 1-3.

Durante el año 60, la espiral de juegos y espectáculos se prolongó con la institución de los nuevos Juegos Quinquenales para celebrar los cinco años áureos de su gobierno. Dice Tácito que la opinión de cuantos estaban en contra de estos nuevos espectáculos sostenía que la juventud se estaba degenerando con estas modas extranjeras —los Juegos Quinquenales imitaban a los concursos griegos— y que se dedicaba cada vez más a los gimnasios, al ocio y a los torpes amoríos: el emperador y el sumiso Senado «se esforzaban en que ilustres romanos, bajo el pretexto de discursos y poemas, perdieran su dignidad en la escena»[128].

El gobierno de Nerón, tal como Séneca lo había soñado, se desmoronaba por días. Había terminado la época de la clemencia y se manifestaba, como tantas veces antes, la cólera del poder imperial con la renovación de los procesos políticos. Ya en el año 60, fue condenado al exilio Rubelio Plauto por simples sospechas infundadas de querer gobernar el Imperio[129]. Siguieron otras condenas y volvieron a resurgir los acusadores y, con ellos, la represión. La lectura de unas coplas burlescas sobre Nerón durante un banquete privado le costó a su autor, el pretor Antistio, un proceso de lesa majestad como consecuencia del cual perdió gran parte de sus bienes y fue relegado a vivir en una isla[130].

En el año 62, murió Burro. No se sabe si a causa de una enfermedad o, como algunos sospecharon, fue envenenado[131]. A la desgracia de esta pérdida, se añadió la del nombramiento de Fenio Rufo y de Ofonio Tigelino, como jefes de las tropas pretorianas. Si el primero se mantuvo en una línea profesional, Tigelino,

---

[128] Tácito, *Anales*, 14, 20.

[129] A Rubelio Plauto se le ordenó retirarse a sus tierras de Asia; le siguieron su mujer y algunos de sus allegados: Tácito, *Anales*, 14, 22. Más tarde, Nerón mandó asesinarlo.

[130] Se pretendió aplicarle una condena a muerte y sólo se le conmutó la pena por la intervención a su favor del senador Peto Trásea: Tácito, *Anales*, 14, 48, 3-4. La sátira sobre personajes públicos tenía larga tradición en Roma. El talante de un emperador se demotraba también en su capacidad para soportar bromas y burlas; así, Suetonio, *Tiberio*, 27-28, simpatiza con los primeros años del gobierno de Tiberio porque, entre otros méritos, no atendió a las maledicencias ni a las injurias que circulaban sobre su persona.

[131] Las dos versiones en Tácito, *Anales*, 14, 51, 1-2; no duda de su envenenamiento Dión Casio, 62, 13, 3, ni Suetonio, *Nerón*, 35, 12.

«con su inveterada desvergüenza y su infamia», se convirtió al punto en amigo de las orgías privadas de Nerón[132]. Séneca, privado del apoyo de Burro, no se sentía con fuerzas para seguir como consejero de un emperador, que ya manifestaba sus peores instintos y se rodeaba de aduladores indecentes.

Tácito pone en boca de Séneca y de Nerón un supuesto diálogo mantenido entre maestro y discípulo en el año 62. Séneca agradece al emperador los favores recibidos y le ruega que se quede con su patrimonio, pero que le conceda también el permiso de retirarse, pues se sentía viejo y deseaba dedicarse sólo al cuidado de su espíritu[133]. La petición de Séneca no obedecía a un simple gesto de cortesía, pues Claudio había hecho aprobar una ley por la que prohibía a los senadores «alejarse de la ciudad más de siete millas sin permiso del emperador»[134]. Nerón no aceptó la retirada de Séneca. Ante tal respuesta, Séneca cambió sus hábitos de vida y, bajo el pretexto de sentirse enfermo o de tener que dedicarse a los estudios filosóficos, se alejó progresivamente del emperador y de los nuevos círculos próximos al poder[135].

---

[132] Así en Tácito, *Anales*, 14, 51, 2-3; Dión Casio, 62, 13, 3.

[133] Tácito, *Anales*, 14, 53-54; Suetonio, *Nerón*, 35, 5, dice también que Séneca, al pedir a Nerón el retiro, «le ofrecía sus bienes».

[134] Dión Casio, 60, 29, 7. Con tal medida, no se pretendía sólo tener disponibles a los senadores para cualquier reunión de urgencia, sino también y sobre todo tenerlos localizados para controlar mejor sus movimientos. Un miedo contante del poder fue el de que pudieran crearse conjuras secretas, difíciles de pasar inadvertidas en ámbitos reducidos.

[135] Tácito, *Anales*, 14, 56, 3.

5. Una muerte largo tiempo esperada

Contemporáneo de Séneca fue el poeta Fedro que se había dado a conocer por traducir y adaptar las fábulas de Esopo. En una de ellas, había dicho que «hablar abiertamente cuando se es plebeyo, es un sacrilegio»[1]. Y en la fábula de *El asno y el viejo* había recordado que «En un cambio de gobierno, a menudo no cambia más que el dueño para los ciudadanos pobres»[2]. No se había producido cambio de emperador, pero sí cambio de forma de gobernar y Séneca, por hablar abiertamente, se encontraba ahora como los ciudadanos pobres de la fábula.

Tras el alejamiento de Séneca del círculo de los amigos de Nerón, se hizo práctica el tópico de que todo lo que puede ir a peor empeora realmente. Desde entonces, nadie pudo culpar a Séneca de no haber sabido frenar a Nerón en su nuevo desvarío de repudiar a su mujer Octavia, de casarse con su amante Popea y, poco después, de ordenar el asesinato de Octavia.

La crueldad del emperador había ido en aumento. Para tener garantía de que el mandato de sus crímenes se había ejecutado, ahora ordenaba que se le trajera la cabeza de la víctima[3]. Así lo comenzó a exigir con el asesinato de Rebelio Plauto, un hombre inocente y honrado, que había sido ya desterrado desde el año 60 en Asia[4].

No habría tenido mayor trascendencia política el simple hecho del repudio de Octavia bajo la acusación de esterilidad y el

---

[1] Fedro, *Fábulas*, 64, 34.

[2] Fedro, *Fábulas*, 16, 1-2.

[3] Los generales romanos, durante el periodo de conquista, habían ordenado a veces cortar las cabezas de los enemigos caídos en combate para adaptarse a prácticas locales —así, en la Europa celtizada—. Este nuevo gusto de un Nerón depravado era una copia de prácticas de algunas monarquías orientales que figuraban como modelo político del nuevo régimen. Baste recordar el asesinato de Juan el Bautista al que también le cortaron la cabeza.

[4] Tácito, *Anales*, 14, 58-60; sobre su anterior destierro: Tácito, *Anales*, 14, 22.

nuevo matrimonio con Popea durante el año 62. Ni siquiera siendo notorio el amor del pueblo romano hacia Octavia y la antipatía que suscitaba Popea hasta el punto de que hubo manifestaciones populares en las que se derribaron las efigies de Popea, mientras se llevaba a hombros las imágenes de Octavia[5]. Resultaban más vergonzosas las formas empleadas para intentar arruinar la imagen pública de Octavia: a una mujer que, en opinión de una de sus criadas, «tenía el sexo más casto que la boca de él [de Tigelino]»[6], se le atribuyeron falsos amantes para poder justificar su destierro, primero a Campania y, después, a la pequeña isla de Pandateria, en el golfo de Nápoles. No tardó en ordenarse la muerte de esta indefensa y honrada mujer[7] con el añadido de la nueva práctica, pues «su cabeza, cortada y llevada a la ciudad [de Roma] fue contemplada por Popea»[8]. La triste historia de Octavia mereció ser objeto de una tragedia, *Octavia*, que se creyó durante muchos años de Séneca, aunque hoy sabemos que es obra de un autor anónimo, que la escribió y pudo representar después de la muerte de Nerón[9].

Ante esos y otros asesinatos del año 62, pocos podían pensar que Séneca permaneciera realmente alejado de todo compromiso político. De hecho, fue acusado de ser cómplice de la conjura que comenzaba a tramar Cayo Pisón. Aunque Séneca resultó

---

[5] Sobre esa reveladora manifestación popular, véase Tácito, *Anales*, 14, 61, 1.

[6] Evidente alusión a las prácticas de *fellatio* de Tigelino, de orientación bisexual.

[7] Dión Casio, 62, 13, 1-2, dice que Burro se opuso a esta muerte y que así se lo manifestó a Nerón.

[8] El relato completo en Tácito, *Anales*, 14, 60-65; véase también Dión Casio, 62, 13, 1; Suetonio, *Nerón*, 13; Flavio Josefo, *Antigüedades judaicas*, 20, 8, 2. Se encargó de ejecutar el asesinato al liberto Aniceto, el mismo que había matado a Agripina. Para quitarse testigos, Aniceto fue poco después desterrado.

[9] Desde que V. Ciaffi, 1937, pp. 246 y ss. y F. Giancotti, 1954, hicieron resaltar que la tragedia *Octavia* presenta alguna alusión a Crispino, posterior a la muerte de Séneca, y dieron otros argumentos sólidos (se pasa por alto a Burro; Mesalina, causante del destierro de Séneca, sale bien parada), la mayoría de los autores modernos considera que la *Octavia* no fue escrita por Séneca, sino por otro autor, cuyo nombre desconocemos, que lo hizo después de la muerte de Nerón.

inocente por falta de pruebas, tanto él como Pisón pasaron a estar ya bajo sospecha[10].

Séneca comenzó a tener tiempo para dedicarse a actividades muy variadas. Dice de sí mismo que era un «cuidadoso escardador de viñedos»[11]. Aprovecha también para conocer nuevas técnicas agrarias: estando en su casa de Campania, tuvo ocasión de visitar al nuevo dueño de la antigua villa de Escipión el Africano, conocedor de técnicas nuevas de trasplante y de injertos de árboles y dice que esos conocimientos los aplicó después en las tierras de su propia villa[12]. Pero la agricultura debió ser un simple, aunque grato pasatiempo. Lo suyo era el estudio.

En el año 62, Séneca inició la redacción de su obra *Cuestiones naturales*[13], posiblemente dio a conocer tres de sus tragedias (*Edipo*, *Medea* y *Fedra*)[14], tal vez escribió los tratados *Sobre la providencia* y *Sobre la superstición*[15], y mantuvo una extensa correspondencia, de la que nos han llegado el conjunto de sus *Cartas a Lucilio*[16]. Fueron años en los que Séneca pasó cortas estancias en Roma o en alguna de sus villas cercanas a la ciudad, pero, durante más tiempo, en su villa de las cercanías de Nápoles, donde encontraba un clima más propicio para mitigar las molestias de su vejez y de sus enfermedades. Aprovechaba también estas estancias para visitar los alrededores: volvió a Pompeya, a la que «no he vuelto a ver desde hacía mucho tiempo; volví a encontar

---

[10] Tácito, *Anales*, 14, 65. Probablemente se tratara sólo de los primeros contactos entre los que terminaron organizando la conjura que se descubrió en el año 65, la conocida como conjura de Pisón, a raíz de la cual Séneca fue condenado (Tácito, *Anales*, 15, 48-49).

[11] Séneca, *Cuestiones naturales*, 3, 7, hablando del grado de penetración del agua de lluvia en la tierra.

[12] Séneca, *Cartas*, 86, 14-21.

[13] Hemos seguido el texto revisado por C. Codoñer, 1979, obra que presenta también una excelente introducción y acertados comentarios.

[14] Sin existir garantías sobre el momento preciso de la datación de ninguna de sus tragedias, P. Grimal, 1979, pp. 424-431, E. Cizek, 1972, pp. 156-159, y otros sostienen que esas tragedias fueron escritas durante los años del retiro político de Séneca.

[15] El tratado *Sobre la superstición* no ha llegado a nosotros.

[16] Hemos seguido la edición de las mismas hecha por F. Préchac, 1957-1964 (reimp.).

en ella mi juventud»[17]. Pero, sobre todo, buscaba la tranquilidad; mientras todo el mundo se había ido al estadio, aprovechaba para leer y escribir: así, una de sus cartas a Lucilio fue escrita, cuando todos se habían ido para ver un campeonato de pelota y «nadie irrumpirá en mi casa», aunque, a veces, «me llega un inmenso clamor» desde el estadio[18].

En esos últimos años de su vida, Séneca lucha denodadamente por aprovechar el último minuto de su tiempo para aprender cosas nuevas y «ser útil a sus amigos y al género humano», como dice varias veces, mientras contempla que las fuerzas físicas se le van debilitando. Se le habían agravado sus ataques de asma, comenzaba a tener la vista cansada y le aparecieron los primeros síntomas de gota. Entre otras, puede ser ilustrativa de la tensión de su vida la carta escrita a comienzos del año 64; después de esforzarse por ofrecer a su amigo Lucilio una síntesis concentrada del pensamiento de Platón, vuelve al tema que le obsesiona: «Pero, si el cuerpo está incapacitado para cumplir sus funciones, ¿por qué no sacarle el alma que le molesta? Tal vez es preciso hacerlo un poco antes de lo que se debe, no sea que no estés en condiciones de hacerlo, cuando debe hacerse. Pues como hay un riesgo más grande en vivir mal que en morir pronto, es tonto el no pagar, con ese corto espacio de tiempo, a cambio de una suerte insegura. Son pocos los que llegaron a la muerte sin penar tras una larga vejez; muchos, incapacitados, llevaron una vida inútil. Por tanto, ¿crees más cruel perder un tramo de la vida que servirse del derecho de poner fin a la misma?»[19]

Justifica con más claridad aún el derecho al suicidio, cuando se es socialmente inútil[20], con otras palabras: «No renunciaré a la vejez, mientras ella me conserve todo entero, es decir, entero en aquella parte mejor de mí mismo. Pero si empieza a debilitar mi inteligencia, a destruirla poco a poco [...]. No huiré de la muerte ante la enfermedad, mientras tenga curación y no dañe mi alma.

---

[17] Séneca, *Cartas*, 70, 1.

[18] Séneca, *Cartas*, 80, 1-2.

[19] Séneca, *Cartas*, 58, 34.

[20] Esos deseos de suicidio los tuvo ya en su juventud, cuando creyó no poder sobrevivir con su tuberculosis.

No armaré mis manos contra mí ante el dolor: morir de ese modo es una derrota. Sin embargo, si soy conciente de que voy a padecer sin fin, saldré [de mi cuerpo], no por el sufrimiento mismo, sino porque [el sufrimiento] me será un impedimento para todo por lo que se vive»[21]. En diversos pasajes de sus obras, dice con claridad que una vida inútil no merece ser vivida. Y considera que están muertos todos aquellos que no tienen otro objetivo que servirse de las rentas de sus bienes para saciar sólo los instintos más primarios de su cuerpo y derrochar los días en juegos, banquetes y lujuria.

Por más que, en el año 62, cuando mantuvo el diálogo con Nerón sobre su deseo de retirarse a la vida privada, el emperador le dijera que «tienes una edad robusta y capaz de atender tus negocios y de disfrutar de ellos»[22], Séneca advertía los primeros síntomas de la vejez. Efectivamente, sus fuerzas no le faltaban, como demostró poco después en la bahía de Nápoles ante una tempestad: antes de seguir soportando el mareo que le provocaba el movimiento del barco, se tiró al agua y, con sus «habilidades de nadador y tradicional partidario del agua fría», alcanzó la orilla y tuvo aún fuerzas para escalar por las rocas hasta alcanzar tierra segura[23]. ¡Pocos a los 65 años —edad aproximada de Séneca— son capaces de gestas semejantes!

El que un enfermo crónico como Séneca tuviera una salud de hierro fue el resultado de una alimentación frugal y de la práctica regular de ejercicios físicos moderados. Le decía a su amigo Lucilio cosas como éstas: «No tiene sentido, ni es en absoluto conveniente para una persona cultivada el pasar su tiempo haciendo trabajar sus brazos, engrosando el cuello, fortaleciendo el pecho. Por más que te hayas dado un buen ungüento, por más que tus músculos hayan aumentado de volumen, nunca igualarás el poder de un buey cebado, ni jamás pesarás tanto»[24]. Esa alusión despectiva a los que pasaban la vida en los gimnasios cuidando su cuerpo se contrapone con la defensa de lo que fue su práctica ha-

---

[21] Séneca, *Cartas*, 58, 35-36.

[22] Tácito, *Anales*, 14, 56, 1.

[23] Las peripecias de ese viaje y el «miedo de los marinos a la tierra» son relatados en Séneca, *Cartas*, 53, 1-4.

[24] Séneca, *Cartas*, 15, 2.

bitual, la de hacer unos ejercicios, que él consideraba fáciles y cortos: «la carrera, el levantamiento de pesos, el salto de altura y de longitud, el paso de los Salios»[25].

De joven, Séneca inauguraba el año con una zambullida en las aguas gélidas de la fuente Virgen de Roma; más tarde, pasó a bañarse regularmente en el Tíber, y, ya de mayor, se sumergía en una bañera cuya agua sólo había sido calentada por los rayos del sol[26]. A sus más de 65 años, tenía el proyecto de sustituir a su esclavo Fario por otro más joven como compañero para salir a correr, cuando ambos estaban ya en la misma crisis de edad, «pues se le caen los dientes y a mí también»[27].

Esa fortaleza física, conseguida con ejercicios regulares, le permitió salvar las últimas enfermedades de su vida. Padecía periódicos ataques de gota, cosa que le resultaba extraña debido a su vida moderada[28], pues él, como otros romanos de su época, consideraban que la gota era un producto del exceso de comida y bebida, pero también del abuso del sexo. En el año 64, fue víctima del paludismo, muy común en la ciudad de Roma. Escapó hacia su villa de Nomento, acompañado de su mujer Paulina, y se recuperó en poco tiempo con el cambio de aires[29]. Agradecido por las atenciones de su esposa, reflexionaba en otro tono sobre la muerte y el suicidio: «Pensar que una esposa, un amigo, no valen el prolongar la existencia y obstinarse en morir, es propio de egoístas. Imponerse vivir, cuando así lo quiere el interés de las personas amadas, cuenta entre las obligaciones del alma»[30].

Resulta llamativa la imagen de indiferencia y alejamiento de

---

[25] Séneca, *Cartas*, 15, 4. Los Salios, cofrades del culto de Marte, se desplazaban dando saltos regulares y ritmados durante las procesiones.

[26] Séneca, *Cartas*, 83, 3-7.

[27] Séneca, *Cartas*, 83, 4.

[28] Una descripción más entensa en P. Rodríguez, 1976, pp. 74 y ss.

[29] Era creencia común que el paludismo se producía por los aires malsanos (de ahí, el nombre malaria = mal-aire), que eran frecuentes en ciudades populosas y/o rodeadas de charcas, y, de modo particular, en Roma. Véase P. Rodríguez, 1976, pp. 66 y ss. Naturalmente, el cambio de aires equivalía a cambio de medio donde no se encontraban aguas pantanosas ni el mosquito *Anopheles*.

[30] Séneca, *Cartas*, 104, 3.

los acontecimientos políticos que transmite Séneca en sus cartas. Sólo cabe pensar que o fueron purgadas haciendo desaparecer de ellas las alusiones políticas para que Séneca no quedara comprometido o bien Séneca se reservó el tratamiento de ciertos temas para comentarlos oralmente con sus amigos. En ninguna de ellas, alude ni a Tigelino sobre el que sabemos que «organizaba banquetes en lugares públicos y se servía de la Ciudad como si fuera su casa», ni a la participación de Nerón en los mismos, el Nerón «deshonrado por todos los medios lícitos e ilícitos» que llegó a celebrar una ceremonia de boda con un tal Pitágoras[31]. Y nadie puede dudar de que Séneca disponía también de una información detallada y de una opinión precisa sobre el gran incendio de Roma de ese mismo año 64[32]. Muy poco después, se produjo otro gigantesco incendio que arrasó la colonia de Lyon, de donde era natural su amigo Ebucio Liberal: mientras relata con minuciosidad los efectos destructores del incendio de Lyon, introduce sólo una referencia ocasional a los muchos incendios que había sufrido Roma y pone las palabras en boca de un profesor y escritor alejandrino que se había asentado en Roma, Timágenes[33]: «Este enemigo de la prosperidad de la Ciudad, Timágenes, decía que los incendios de Roma le causaban dolor, porque sabía que surgirían mejores edificios que los que habían ardido»[34]. Y con tal referencia genérica, pasa por alto el reciente incendio de la Ciudad, la reconstrucción de la misma y la edificación de un nuevo palacio imperial, la *Domus Aurea Neroniana*. Suetonio ofrece algunos datos de la misma: «Su vestíbulo era tan espacioso que se erguía en él una estatuta colosal suya [de Nerón] de 120 pies; tenía un triple pórtico de mil pasos [...], un estanque semejante a un mar, rodeado de una corona de edificios como las ciudades y tierras agrícolas con sembrados, viñedos, pastizales y bosques

[31] Lo cuenta Tácito, *Anales*, 15, 37. Suetonio, *Nerón*, 29, habla de las relaciones amorosas de Nerón con su liberto Doríforo y de otras de sus habituales obscenidades.

[32] La descripción del incendio en Tácito, *Anales*, 15, 38-41, en Dión Casio, 62, 16-18 y en Suetonio, *Nerón*, 38.

[33] Sobre Timágenes, véase Horacio, *Cartas*, I, 16; Séneca, *Sobre la cólera*, 3, 23, 4 y ss.

[34] Séneca, *Cartas*, 91, 13.

[...]»[35]. Este palacio había sido concebido como una inmensa villa rústica en el centro de la ciudad[36].

Tampoco dice nada Séneca de la primera persecución de los cristianos[37], utilizados de chivos expiatorios de ser los responsables del incendio para calmar a las masas populares[38].

Los desmanes de tantos juegos, espectáculos y banquetes habían agotado las arcas del Estado[39]. Para llevar a cabo las nuevas obras públicas de la ciudad, se exigieron impuestos extraordinarios a los provinciales y se llegó a expoliar los tesoros de algunos templos de Roma, de Acaya y de Asia[40]. Y en ese momento de tensiones, vuelve a situar Tácito a Séneca pidiendo de nuevo permiso a Nerón para retirarse a la vida privada. Añade que, al no concedérsele, Séneca «fingió una enfermedad y, como si tuviera neuralgias, no salía de su habitación»; ante tal actitud, la respuesta de Nerón fue la de intentar envenenarlo por medio del liberto Cleónico[41].

---

[35] Suetonio, *Nerón*, 31.

[36] La *Domus Aurea Neroniana* duró poco tiempo como palacio. Ya Vespasiano ocupó una parte de la misma para la construcción del Coliseo; su hijo Tito también la trató como algo inservible. Una parte considerable de lo conservado sirvió de base para las termas de Trajano. Más información en F. Coarelli, 1989, pp. 196-201.

[37] Suetonio, *Nerón*, 16, 3, dice que los cristianos, «una especie de hombres dados a una superstición nueva y peligrosa, fueron condenados a muerte». Suetonio utiliza el lenguaje político al calificar de superstición a cualquier religión contraria a la reconocida por el Estado.

[38] Todos esos hechos están contados en Tácito, *Anales*, 15, 38-44. Dión Casio, 62, 17-18, no duda en aceptar la versión que hacía a Nerón responsable del incendio. La acusación de que Nerón pudo haber provocado el incendio de la ciudad es también probablemente falsa. El abundante empleo de madera en la construcción y la aglomeración de los edificios hacían muy fácil que un pequeño incendio se propagara con rapidez.

[39] Dión Casio, 62, 15, 2-5, presenta a Nerón y a Tigelino con sus amigos en bacanales donde participaban esclavas, libertas, jóvenes vírgenes e incluso mujeres casadas de familias nobles. Véase también Suetonio, *Nerón*, 27-30; también contribuían a despilfarrar los fondos de sus amigos: «Se invitaba a cenar en casa de sus amigos; uno de ellos gastó en un banquete cuatro millones de sestercios» (Suetonio, *Nerón*, 27, 4).

[40] Tácito, *Anales*, 15, 45, 1-2; un relato semejante en Suetonio, *Nerón*, 32.

[41] Tácito, *Anales*, 15, 45, 3.

Fuera o no cierto tal intento de asesinato[42], así como la segunda petición de Séneca de retirarse a la vida privada, Tácito se sirve de Séneca para ponerlo como contrapunto de Nerón. Y otros autores, como Juvenal, hacen lo mismo: «Si el pueblo tuviera la posibilidad de hacer elecciones libres —dice Juvenal—, ¿quién sería tan malvado que vacilara en preferir a Séneca en vez de a Nerón?»[43] Para amplios sectores de la población, Séneca seguía siendo el único referente capaz de conseguir que el gobierno de Roma volviera a los años pasados del quinquenio áureo. Y lo fue también para los componentes de la conjura que se estaba tramando.

Séneca y la conjura de Pisón

En la conjura de Pisón del año 65, en la que participaban «personas diversas por su ascendencia y rango, sexo y edad, ricos y pobres», además de varios mandos de las fuerzas pretorianas[44], Séneca resultó acusado como uno de los que disponían de información directa de toda la trama a través del propio Pisón y de Antonio Nadal, quien compartía todos los secretos de Pisón[45]. La acusación de hacer a Séneca el primer responsable la recogió Dión Casio quien inicia el relato de los acontecimientos del año 65 con estas palabras: «Pero Séneca, el prefecto Rufo y algunos otros hombres de alto rango urdieron una conjura contra Nerón»[46].

Pueden encontrarse razones para negar la participación di-

---

[42] Está relatado ofreciendo datos precisos sobre las costumbres austeras de Séneca: que hacía una comida sencilla y con frutos silvestres y que bebía sólo agua corriente para aplacar su sed. Y Séneca mismo nos dice que, muchas veces, se limitaba a cenar unos higos secos con pan.

[43] Juvenal, *Sátiras*, VIII, 210.

[44] Tácito, *Anales*, 15, 54, 1; un relato completo de toda la conjura, de sus participantes, de su descubrimiento y de la represión de la misma en Tácito, *Anales*, 15, 48-71; también Suetonio, *Nerón*, 36.

[45] Tácito, *Anales*, 15, 56, 2-3, dice que fue precisamente Nadal quien delató a Séneca y a otros con la esperanza de que su traición le proporcionara el perdón.

[46] Dión Casio, 62, 24, 1. Es sabido que Dión se inclina casi siempre por recoger la versión más negativa sobre Séneca.

recta de Séneca en la conjura[47]. Cayo Pisón, caracterizado por Tácito como benévolo con los ciudadanos, generoso con los amigos y persona de trato agradable, pero también amante del lujo y de las pasiones, contaba con «la aprobación de la mayoría que, ante tantas posibilidades de licencias, no desean que el poder supremo sea estricto y severo»[48]. Pisón no parecía ser, pues, el modelo de emperador deseado por Séneca. Por otra parte, algunos de los conjurados eran amigos de Séneca; entre ellos, estaba su sobrino Anneo Lucano, el autor de *La Farsalia*, que admiraba a su tío y era envidiado por Nerón[49]. Por más que Séneca no fuera un hombre de acción, sino de consejos, debió de estar bien informado de la gestación y del alcance de la conjura.

Los conjurados fueron cometiendo error tras error. El propio dirigente, Pisón, se mostró indeciso al cambiar de lugares y fechas para el atentado contra Nerón; desconfiaba de su propia fuerza y se mostraba temeroso de que el cónsul Vestino pudiera escoger a otro como sucesor de Nerón[50]. Y, cuando comenzaron las primeras acusaciones, todos esos ciudadanos ilustres, caballeros y senadores, no dudaron en traicionar a sus amigos y —añade Tácito— «ni Lucano, ni Seneción, ni Quinciano dejaban de delatar»[51]. El ejemplo más digno fue el dado por la liberta Epíclaris que, con su silencio, protegió «a personas ajenas y casi desconocidas [para ella]»[52]. Y frente a tanta traición entre compañeros de conjura, había cierta gloria en Subrio Flavo, tribuno de la guardia pretoriana, que respondió así a Nerón: «Te odiaba. Ningún soldado te fue más fiel, mientras mereciste ser querido. Comencé a odiarte, cuando te convertiste en asesino de tu madre y de tu

[47] El propio Tácito, *Anales*, 15, 60, dice que no se pudo probar la participación de Séneca.

[48] Tácito, *Anales*, 15, 48, 3.

[49] Tácito, *Anales*, 15, 49, 3.

[50] Tácito, *Anales*, 15, 52, 2-3.

[51] Tácito, *Anales*, 15, 57, 3. Suetonio, *Nerón*, 36, dice que algunos confesaban espontáneamente y otros incluso justificaban su participación como «si sólo pudieran ayudarle [a Nerón] dándole muerte».

[52] Tácito, *Anales*, 15, 57, 2; según Polieno, *Estratagémata*, 8, 62, Epíclaris fue amante del hermano menor de Séneca, M. Anneo Mela, el padre de Lucano. Sobre Epíclaris, véase también Dión Casio, 62, 27, 3.

esposa, en auriga, en histrión y en incendiario»[53]. Con tales palabras, resume Tácito los motivos que movieron a otros conjurados. Y debe de ser cierta tal información, pues los panfletos populares que circulaban contra Nerón, recogían análogas acusaciones; uno de ellos lo calificaba de matricida: «Nerón, Orestes, Alcmeón: matricidas»[54].

Era difícil que resultara bien una conjura de salón, sin apoyos de las tropas provinciales, pues la mayor parte de los participantes arriesgaban una posición social privilegiada y muchos bienes privados. Y en un medio en el que se valoraba tanto el dinero, no resultó difícil que el liberto Mílico, aconsejado por su mujer, se decidiera a presentar la primera delación, pues «el premio [por la denuncia] llegaría sólo a las manos del que se adelantara»[55]. Por salvar su rango y sus bienes, siguieron delatando después otros senadores y caballeros. El propio Pisón no supo mantener su dignidad ante su suicidio obligado, pues, para proteger a su esposa, hizo un testamento lleno de referencias adulatorias a Nerón[56].

El suicidio venía siendo utilizado muy a menudo entre personas de alto rango social, como método de protección de la familia. Ante el riesgo de una condena, un suicidio a tiempo, antes de ser condenado y tras hacer testamento, daba validez a las últimas decisiones testamentarias y permitía que la mujer, los hijos y los amigos recibieran los bienes transmitidos; además, los suicidados quedaban con el derecho de recibir las debidas honras fúnebres[57]. Nerón intentaba adelantarse a esas decisiones particulares de suicidio de modo que su mandato de que se suicidaran equiva-

---

[53] Según Tácito, *Anales*, 15, 67, 2; palabras textuales parecidas recoge la versión de Dión Casio, 62, 24, 2, lo que evidencia que ambos historiadores se sirvieron de la misma fuente o bien que Dión siguió a Tácito.

[54] Lo recoge Suetonio, *Nerón*, 39, 2, bien informado de los comentarios y cotilleos de la época.

[55] Tácito, *Anales*, 15, 54-55, desvela su habitual antipatía hacia las mujeres, cuando dice que Mílico recibió el consejo de su esposa, «consejo de mujer y, por lo mismo, pernicioso».

[56] Añade Tácito, *Anales*, 15, 59, 5, que la mujer de Pisón, Satria Gala, era un ejemplo de mujer desvergonzada, «sólo recomendable por su belleza».

[57] Bien analizado en F. Costantino, 1966, pp. 237 y ss. para época de Tiberio, pero el análisis es igualmente válido para época de Nerón.

lía a una condena formal[58]. Dión Casio transmite bien los efectos de tales órdenes cuando dice: «La mayor parte de los patrimonios de aquellos que no morían con ese sistema [suicidio previo a la condena] eran después confiscados»[59]. Y además quedaban privados del derecho a recibir unas honras fúnebres, para evitar la circunstancia que se aprovechaba para hacer las loas públicas sobre el difunto; los funerales de estos condenados se hacían en privado con la asistencia de un reducido grupo de familiares y a veces de noche. La fortuna hizo que el propio Nerón terminara más tarde recibiendo el mismo trato[60].

La condena a muerte de Séneca

Informado de la marcha de los acontecimientos, Séneca abandonó su retiro de Campania y regresó a su villa que estaba situada a cuatro millas de Roma. Allí, el tribuno Gavio Silano, después de cercar su villa con grupos de soldados, le comunicó la orden de Nerón de que debía suicidarse[61]. Dice Tácito que la muerte de Séneca le resultaba grata al emperador «no por haberlo encontrado implicado en la conjura, sino porque deseaba asesinarlo desde que el veneno no había dado resultado»[62].

Nadie mejor que Tácito para relatar la muerte de Séneca:

---

[58] Suetonio, *Nerón*, 37, 2, es impreciso al decir que «[Nerón] no concedía más que unas horas de plazo a los condenados a muerte; para que no se retrasaran, enviaba a médicos que "cuidaran" a los retrasados, invitándoles así a cortarse las venas».

[59] Dión Casio, 58, 16, 1. Con una parte del patrimonio confiscado se pagaba a los acusadores.

[60] Así, los restos de Nerón fueron guardados por sus nodrizas, Eglogle y Alexandria con la ayuda de su concubina Acte (Suetonio, *Nerón*, 50, 1-2). Un poco más tarde, el cuerpo del emperador Domiciano, asesinado, fue recogido por su nodriza Phyllix «en una caja de tablas como las que usa el pueblo» y recibió honras fúnebres privadas «en una casa de las afueras [de Roma], situada en la vía Latina», como relata Suetonio, *Domiciano*, 17, 7.

[61] Suetonio, *Nerón*, 35, 5, se limita a decir que «obligó a su preceptor Séneca a suicidarse».

[62] Tácito, *Anales*, 15, 60-61, alude al intento anterior de Nerón de envenenar a Séneca.

«[Séneca], imperturbable, pide las tablillas para su testamento[63]; al negárselas el centurión[64], vuelto a sus amigos, les dice que, ya que le está prohibido darles muestras del agradecimiento de su afecto[65], les deja el legado único y más valioso que posee: la imagen de su vida [...]. Procura convertir su llanto en entereza [...] y en tono de reprensión, les pregunta dónde están los preceptos de la filosofía, dónde los razonamientos largamente meditados ante las desgracias. ¿Para quién era desconocida la crueldad de Nerón? Después de haber asesinado a su madre y a su hermano, sólo le faltaba añadir la muerte de su educador y maestro[66]. Después de considerar éstas y otras cosas semejantes [...], abraza a su esposa y le suplica que controle su dolor [...] y que se consuele con el recuerdo de su marido[67]. Pero ella le responde que ha decidido morir con él y pide la mano del ejecutor. Entonces Séneca, para no oponerse a su gloria y también por amor, para no dejar a la mujer amada expuesta a los agravios, le dice: "Yo te mostré los aspectos agradables de la vida, pero prefieres el honor de la muerte; ante tal ejemplo, no me mostraré envidioso. La fortaleza de esta terrible muerte sea para ambos, pero tu final merecerá más gloria." Tras esto, del mismo golpe se abren las venas del brazo con el hierro. Al tener Séneca un cuerpo debilitado por la vejez y por su parca alimentación[68], la sangre se le escapaba

[63] Una de las modalidades testamentarias, era el dejar escrito sobre tablillas enceradas las últimas voluntades. Las tablillas quedaban selladas para abrirlas después ante un magistrado. Séneca quería presentar su suicidio como resultado de su propia decisión.

[64] Debe entenderse que el centurión tenía órdenes de que a Séneca se le había ya privado del derecho de hacer testamento.

[65] Tales muestras solían materializarse en dejar pequeños legados testamentarios a los amigos y/o allegados; no en hacerlos herederos. Séneca pretendía así reducir sus propios bienes que iban a ser mayoritariamente incautados por el fisco. Sólo Dión Casio, 62, 25, 3, dice que Séneca dio todo su patrimonio a Nerón. Debe entenderse mejor que Nerón se apropió de todo su patrimonio.

[66] También Suetonio, *Nerón*, 35, 5, resalta la crueldad de Nerón por ordenar el suicidio de su preceptor.

[67] Dión Casio, 62, 65, 1-2, intenta presentar otro rasgo negativo de Séneca al decir que quiso que también muriese su mujer Paulina.

[68] En varias de sus cartas, Séneca dice que, a menudo, cenaba sólo unos pocos higos con pan y agua.

con lentitud; se abrió también las venas de los muslos y de las pantorrillas. Extenuado por terribles sufrimientos, para no quebrantar con su dolor el ánimo de su esposa y no debilitarse él ante la contemplación del sufrimiento de ella, le aconseja que se retire a otra habitación. Y aún en su momento final, en posesión de su elocuencia, dictó varias palabras a sus secretarios, que paso por alto de reflejar aquí por haber sido ya divulgadas»[69].

Nerón ordenó que no se permitiera morir a Paulina y los soldados le cortaron con vendas la hemorragia, probablemente cuando se encontraba ya inconsciente. Séneca, en cambio, seguía luchando para acercarse a la muerte. Y sigue diciendo Tácito: «Mientras tanto, Séneca, al prolongarse el lento trance de su muerte, pide a Anneo Estacio [su médico] [...] que le proporcione un veneno [...] pero de nada le sirvió tomarlo, porque al estar ya fríos sus miembros, su cuerpo no reaccionaba al efecto del tóxico. Finalmente, se introdujo en un baño de agua caliente [...]»[70] y entonces encontró la muerte. Su mujer Paulina le sobrevivió poco tiempo, entristecida por el recuerdo de su marido y debilitada hasta tal punto que, «en su rostro y en sus miembros, era ostensible que la había abandonado una parte de su espíritu vital»[71].

Nerón aprovechó la oportunidad de esta conjura para desembarazarse de cuantos senadores y caballeros le resultaban molestos. Entre otros, fueron condenados a muerte los dos hermanos de Séneca, su sobrino, el poeta Lucano, y Petronio, el autor de la novela *El Satiricón*, también estoico[72]. Nerón se sirvió también de esta coyuntura de represiones para prolongarla unos años más y hacer desaparecer igualmente a los personajes más representativos del estoicismo romano; entre ellos se encontraban Peto Trásea y Barea Sorano que destacaban por «su riqueza y toda clase de virtudes, pero no por haber resultado víctimas de ser acusados entre los conspiradores, sino sólo por el hecho de

[69] Tácito, *Anales*, 15, 62-63. Tales palabras de Séneca debieron seguir siendo comentadas durante decenios al considerar Tácito que no merecía la pena recordarlas por ser conocidas.

[70] Tácito, *Anales*, 15, 64, 3-4.

[71] Tácito, *Anales*, 15, 64, 2.

[72] Dión Casio, 62, 25, 3; Tácito, *Anales*, 16, 17, 2-6.; Jerónimo, *Cronicón*, p. 183, Helm.

ser como eran» —dice Dión Casio—[73]. Y Tácito, más preciso, dice que «después de inmolar a tantos hombres ilustres, concibió al fin el deseo de aniquilar a la virtud misma al condenar a muerte a Peto Trásea y a Barea Sorano»[74]. Y esa conducta represiva le llevó a ordenar la expulsión de todos los filósofos de Roma; un ejemplo elocuente fue el de Apolonio de Tiana que tuvo que buscar refugio en el sur de España junto con sus discípulos[75]. ¡Qué lejos de las ideas de su maestro estaba ya este emperador que ordenaba la muerte de la conciencia y del pensamiento!

No sabemos qué había de cierto en el rumor que corrió en la Roma de entonces, que decía que Subrio Flavo tenía un acuerdo secreto con los centuriones de las tropas pretorianas para que, tras el triunfo de la conjura, se ordenara la muerte de Pisón y se entregara el gobierno del Imperio a Séneca[76]. No podemos por menos de repetir ahora una frase tópica: ¡qué buen gobernante hubiera tenido Roma!

Nerón siguió al frente del Imperio, también sin Popea[77], durante otros tres años, hasta que se produjo la rebelión de las legiones provinciales que cerraron estos siniestros años de la historia de Roma con la muerte y sustitución del emperador. Se hizo entonces realidad un verso que le gustaba mucho a Séneca: «Lo que puede suceder a uno, puede suceder a cualquiera»[78].

---

[73] Dión Casio, 62, 62, 1-2, quien resalta cómo el filósofo P. Egnacio Celer se prestó a acusar a su amigo Barea. Ya entonces el dinero corrompía todo. Murieron en el año 66. Véase también Tácito, *Anales*, 16, 21-22.

[74] Tácito, *Anales*, 16, 21-22. Suetonio, *Nerón*, 37, 1, tal vez recogiendo algún comentario popular, dice que condenó a Peto Trásea por «ser demasiado triste y tener cara de pedagogo». La condena de ambos (Trásea y Sorano) tuvo lugar en el año 66.

[75] Dice Filóstrato, *Vida de Apolonio*, 4, 47, que «al partir Nerón hacia Grecia y declarar públicamente que nadie debía enseñar filosofía en Roma, Apolonio se dirige al occidente de la tierra [conocida] que, según dicen, está limitado por las Columnas [de Heracles] con el fin de observar las mareas y Gadira, pues había oído hablar de la filosofía de aquellos hombres que habían avanzado mucho en las cuestiones de lo divino».

[76] Tácito, *Anales*, 15, 65.

[77] Popea Sabina, embarazada, murió en el mismo año 65 a consecuencia de una patada que le propinó Nerón: Dión Casio, 62, 27, 3; Suetonio, *Nerón*, 35; Tácito, *Anales*, 16, 6, 1, coinciden en esa versión.

[78] Séneca, *Consolación a Helvia*, 9, 5.

6. El mundo pensado por Séneca

Que nadie busque en Séneca un pensamiento cerrado y sin contradicciones. Probablemente no se encuentre en ningún autor, pero mucho menos en quien escribió consolaciones, reflexiones sobre el comportamiento humano, cartas para parientes y amigos, ataques o defensas sobre la forma de gobernar y tragedias para que fueran entendidas por el gran público. El pensamiento de Séneca estuvo también marcado por la necesidad de la prudencia y la oportunidad, como exigía su decidido compromiso político.

Séneca nunca creyó ser el poseedor de la única verdad, sino un simple aprendiz de verdades y de formas de vida. En el año 64, acudía aún a la escuela de un filósofo; le decía a su amigo Lucilio: «¡Buena edad para aprender! —dirás tú—. ¿Por qué no? ¡Qué absurdo el abstenerse de aprender con el pretexto de que se ha pasado mucho tiempo sin hacerlo! [...] Esta escuela admite a gentes de todas las edades [...]. Siendo viejo ¿voy a ir al teatro, me haré llevar al circo [...] y voy a enrojecer por ir a escuchar a un filósofo? Es preciso aprender mientras dure la ignorancia»[1]. Es el mismo Séneca que, unos días antes, en otro gesto de humildad, reconocía que debía intensificar sus esfuerzos para ser mejor: «Me avergüenzo de decirlo: no practicamos la vida moral más que en los ratos perdidos»[2].

Si las respuestas de Séneca ante los obstáculos de su vida personal y de sus compromisos políticos merecen como mínimo el respeto, sólo se termina de perfilar su personalidad cuando entramos en su mundo interior, en el de sus conocimientos y su visión sobre la divinidad, el cosmos y el modo en que el hombre debía situarse y comportarse ante las fuerzas superiores y con sus

---

[1] Séneca, *Cartas*, 76, 1-3. Es claro que la alusión al teatro y al circo refleja prácticas sociales que estaban bien vistas incluso para los ancianos.

[2] Séneca, *Cartas*, 75, 16; también en *Cartas*, 71, 29-36.

semejantes. Su mundo pensado, el que pretendía poner como alternativa, distaba mucho del mundo real en que se movía. Ese fue el reto de toda su vida, el de intentar adaptar la realidad a la teoría por medio de la palabra y del ejemplo de su propia vida. No hubo rupturas significativas entre el Séneca joven y el Séneca maduro. Simplemente se encuentran en él intentos variados de profundizar en viejas ideas y de buscarles nuevos perfiles y ampliaciones.

Los dioses y dios

Pueden parecer contradictorias las creencias religiosas de Séneca, pues tanto habla de Júpiter, de Juno, de Mercurio..., es decir de los dioses del panteón romano, como de dios. La contradicción es sólo aparente.

La creencia en diversos dioses formaba parte de la cultura adquirida por Séneca y por el resto de la población de su época. Séneca intentó ser siempre didáctico y ello le imponía hacer concesiones a la cultura del público al que se dirigía. Decía a veces que no bastaba con inculcar «la voluntad de instruirse, sino instruir realmente [...], hay que tomar un tono más asequible. Así, las palabras penetran y se graban con más facilidad; no se pide que sean abundantes, sino eficaces»[3].

En su *Apocolocintosis*, presenta una morada de los dioses, en la que Júpiter tiene la autoridad suprema y preside el consejo de los demás dioses. En términos de teología romana, ese consejo divino estaba formado por los Doce Dioses, los seis dioses y las seis diosas más importantes, que tenían la capacidad de mandar sobre otros dioses menores, semidioses o héroes[4]. Pero Séneca no intentaba hacer teología, sino una mención a la corte divina que entraba en juego para juzgar a Claudio. Desde esa perspectiva, se entiende la participación de Augusto divini-

[3] Séneca, *Cartas*, 38, 1.

[4] El culto a los Doce Dioses, de origen griego, fue reconocido en Roma el año 217 a.C., año en que se celebró el primer banquete ritual ante la presencia de esos dioses, el primer *lectisternium*: véase J. Bayet, 1969, pp. 149 y ss.

zado, que no podía formar parte del número cerrado de los Doce Dioses, y también el que los dioses siguieran después su consejo.

Los dioses y personajes míticos del politeísmo romano intervienen también en sus obras de tragedia. Estaban presentes en las tragedias griegas que habían servido de modelo para Séneca, como lo sabía bien el pueblo de Roma. Baste recordar a la diosa Juno, despechada por los engaños amorosos de su esposo Júpiter, que inicia el monólogo del *Hércules furioso*, recogiendo todos los rasgos del mito: «Hermana del Tonante [Júpiter] [...], expulsada del cielo, mi lugar cedí a concubinas. La tierra ha de ser habitada, las concubinas dominan el cielo»[5].

Esa mezcla de referencias a diversos dioses y a un dios se encuentra presente hasta en las últimas cartas escritas por Séneca. En el año 64, comenzaba una de esas cartas: «Te saludo desde mi casa de Nomento y te deseo salud de espíritu, es decir que todos los dioses te sean favorables; son buenos y benévolos para quien se ha conciliado consigo mismo. Olvida la opinión de quienes dicen que, a cada uno de nosotros, se nos ha dado un dios protector particular, no de los primeros, sino de los de rango inferior, los que Ovidio llama "dioses de la plebe"»[6]. Poco más adelante, Séneca pone nombre a ese dios menor: el Genio que protegía a cada hombre y la Juno que velaba por cada mujer[7]. A esos últimos los considera invenciones populares; los demás dioses, los superiores, serían los auténticos.

Junto a ésa y otras referencias a los dioses, a la bondad de los dioses[8], Séneca tenía también la visión de un dios creador y protector del mundo, de un dios eterno que ha dado las leyes por las que se rige la naturaleza[9]; en otras ocasiones, considera que ese

---

[5] Séneca, *Hércules furioso*, vv. 1-5, el monólogo de Juno, que se prolonga hasta el v. 124, relata otros aspectos del mito.

[6] Séneca, *Cartas*, 110, 1.

[7] Idea que fue recogida más tarde por el cristianismo en la figura del ángel de la guarda.

[8] Entre otros testimonios, véase Séneca, *Cartas*, 64, 3; 66, 5-12; *Sobre la providencia*, 1, 1.

[9] Séneca, *Sobre la providencia*, 1, 2; *Cuestiones naturales*, pref. 2; 5, 18, 5-13; 7, 1.

dios puede ser equivalente a Júpiter, dios supremo del panteón romano; así: «... un Júpiter igual al nuestro, rector y guardián del universo, alma y vida del mundo, señor y artífice de esta obra, a quien se adapta bien todo nombre. ¿Quieres llamarlo hado? No te equivocarás; de él depende todo, es la causa de las cosas. ¿Quieres llamarlo providencia? Le darás ese nombre con precisión [...]. ¿Quieres llamarlo naturaleza? No te equivocarás. De él ha nacido todo; gracias a él vivimos. ¿Quieres llamarlo universo? No te engañarás»[10].

En otros pasajes, especifica que el hado equivale a la voluntad divina impresa para siempre en el orden del mundo y de las cosas; por lo mismo, inalterable: «Si crees que puedes conjurarlo [al hado] con sacrificios o con la cabeza de un ternero blanco como la nieve, no conoces la divinidad; pues la opinión de dios [...] no puede cambiar; para la divinidad, todo está presente»[11]. Dios, para Séneca, hizo el mundo e imprimió su voluntad eterna en el universo y en el orden de la naturaleza, que se rigen siguiendo sus leyes; no precisaba estar interviniendo en cada momento para regular los acontecimientos cotidianos.

Ese mismo dios creador del mundo es el que lo salvaguarda y sostiene[12] hasta que desee terminar con él. ¿Cuándo? Cuando lo desee[13]. Séneca participaba del convencimiento de todos los estoicos de que se producirá una gran conflagración final que terminará con este mundo para ser de nuevo recreado por la divinidad. Debió ser una cuestión que le preocupó mucho. Ya, en una de sus primeras obras, *Consolación a Marcia*, dedicaba sus últimas líneas a ofrecer su visión del fin del mundo que presentaba así: «Allanará todos los montes y hará nuevas rocas por otras partes, sorberá los mares, desviará los ríos [...], sepultará a las ciudades en abismos profundos, las sacudirá con terremotos, surgirán vapores pestilentes de lo profundo, todo lo

---

[10] Séneca, *Cuestiones naturales*, 2, 45, 1-3.

[11] Séneca, *Cuestiones naturales*, 2, 36; también, Séneca, *Sobre la providencia*, 5, 7-9.

[12] Séneca, *Cartas*, 58, 27-29; 65, 23-24; 110, 8-10; Séneca, *Cuestiones naturales*, 3, 22.

[13] Séneca, *Cuestiones naturales*, 3, 28, 7.

habitado será inundado [...], los astros chocarán unos con otros»[14].

En los últimos años de su vida, Séneca presenta una visión de ese cataclismo final relacionada sobre todo con la tierra, que sufrirá los efectos de una inmensa inundación, provocada por las lluvias, las nieves derretidas de las montañas y la unión de las aguas subterráneas con las de superficie, ante todo con las del mar. Es un fin del mundo en el que las aguas anegarán todo y la bóveda celeste se desplomará sobre la tierra[15]: «Ya todo lo que abarca la mirada queda cubierto por las aguas, toda elevación se oculta en las profundidades [...]. Sólo hay zonas vadeables en las cimas de las montañas [...]. Todo era mar. Incluso faltaba litoral al mar»[16]. Esa importancia del agua en el fin del mundo era, para Séneca, el resultado de muchos estudios sobre el conjunto de las aguas, las de superficie y las de las profundidades de la tierra, que la veía llena de oquedades, túneles y galerías por donde circulaba el aire e inmensas masas de agua[17], sobre lo que no estaba tan equivocado, al menos en lo referente al agua.

Séneca y los demás estoicos creían que era inevitable ese final del mundo conocido, porque todo lo que nace se corrompe y necesita ser purificado, para ser de nuevo recreado por la divinidad[18]. Se trataba de una visión cíclica: desde la Edad de Oro de la humanidad primitiva se había ido produciendo una continua degeneración de la vida y de las relaciones humanas por no vivir conforme a la naturaleza; tras el cataclismo final y la recreación, se iniciaría una nueva Edad de Oro, en la que los hombres volverían a ser solidarios y estarían gobernados por los mejores[19]. No

---

[14] Séneca, *Consolación a Marcia*, 26, 5-7; también, de modo más general, en Séneca, *Consolación a Polibio*, 1, 2-4.

[15] Séneca, *Cuestiones naturales*, 3, 27-28.

[16] Séneca, *Cuestiones naturales*, 3, 11-12. La percepción visual de un mar curvo lleva a pensar a Séneca que las aguas se mantenían elevadas cada vez más a partir de la orilla y que estaban sostenidas por una fuerza divina que, tan pronto como desapareciera, haría que las elevadas aguas del mar alcanzarían la altura de las montañas.

[17] Baste ver los libros II y III de sus *Cuestiones naturales*.

[18] Séneca, *Cuestiones naturales*, 3, 29, 5.

[19] Séneca, *Cuestiones naturales*, 3, 30; Séneca, *Cartas*, 90, 3-6. La visión de

es de extrañar que, ante los desmanes de los gobiernos políticos que había tenido que soportar Séneca, llegara a preocuparle la reflexión sobre el fin del mundo. Para otros, como las comunidades judías y las cristianas, la reflexión teórica de Séneca adquiría un valor de inminencia[20].

Séneca se despegaba también de otras visiones del paganismo romano, como la del destino de los difuntos. En su *Apocolocintosis*, Séneca hace bajar a Claudio a los infiernos, cuya puerta era guardada por «Cerbero, la bestia de las cien cabezas» y lo enfrenta a otros difuntos, incluso al «actor Mnester, al que Claudio, por razones de estética, había hecho más bajo» mandando que le cortaran la cabeza[21]; después, Claudio tiene que comparecer ante el tribunal de Eaco, un juez de los infiernos[22]. En las tragedias, destinadas al gran público, Séneca se ve forzado también a aludir a la laguna Estigia, al mundo subterráneo de Plutón, al can estigio y a otros monstruos[23]. En los escritos dirigidos a particulares, expresa su auténtico pensamiento; le dice a Marcia: «Piensa que los difuntos no sufren ningún mal, que son fábulas todas esas historias que hacen terribles a los infiernos, que no hay tinieblas que amenacen a los muertos, ni cárcel, ni torrentes de fuego, ni el río del olvido, ni tribunales, ni reos [...]. Ésos son juegos de poetas que nos asustaron con diversos temores. La muerte es la solución y el fin de los dolores»[24]. Con palabras parecidas repite la misma idea en sus cartas: «Nadie es tan infantil como para temer a Cerbero, al imperio de las tinieblas y a la extraña figura de las larvas, esqueletos descarnados»[25]. Era una idea sostenida también por los epicúreos[26].

---

las edades de la humanidad (oro, plata, bronce, hierro, barro) tenía una larga tradición en la cultura grecorromana desde su primer planteamiento en la obra de Hesiodo.

[20] Hasta el siglo II, no comenzaron los cristianos a dejar de lado su preocupación por el inminente juicio final. Baste recordar, entre otros, el *Apocalipsis* de san Juan.

[21] Séneca, *Apocolocintosis*, 13, 3-5.

[22] Séneca, *Apocolocintosis*, 14, 1.

[23] Baste leer Séneca, *Hércules furioso*, vv. 760-829.

[24] Séneca, *Consolación a Marcia*, 19, 4-5.

[25] Séneca, *Cartas*, 24, 18; y algo semejante en Séneca, *Cartas*, 82, 16.

[26] Véase Lucrecio, *De la naturaleza*, 3, 976-1.021.

Para Séneca, la muerte era a la vez el momento del nacimiento de una vida nueva y divina para el alma que subía a las alturas, como correspondía a su carácter semidivino[27]: «Cuando llegue el día que debe separar los elementos divinos y humanos de mi compuesto, dejaré aquí el cuerpo, donde lo encontré, mi ser lo devolveré a los dioses»[28]. Y las referencias al alma que retorna a las alturas de donde vino se encuentran en otros pasajes de sus obras[29].

Séneca decía que «Dios establece el equilibrio entre los elementos de los que es el centro, el regulador, el guía, y que dirige libremente [...], y el alma es en el hombre lo que dios en el universo; lo que la materia es en el universo, el cuerpo es en nosotros»[30]. Y para hacer más asequible la distinción[31], presentaba el caso de Clarano, viejo, de cuerpo débil y feo, que había «sido puesto en el mundo para hacer comprender con su ejemplo que la fealdad del cuerpo no enturbia el alma, sino que el cuerpo recibe su adorno de la belleza del alma»[32].

No precisa Séneca un sistema de premios o de castigos para el alma que sube a las alturas en relación con su comportamiento en esta vida. Por ello, resulta doblemente meritoria su doctrina moral, basada en normas que aconsejan vivir conforme al espíritu y la razón y no permitiendo que las exigencias o los caprichos del cuerpo regulen nuestra existencia.

Séneca y la moral

Séneca era conocido ya en el mundo antiguo como uno de los hombres que, con más ahínco, se dedicó a fustigar los vicios de su época. No por creer que eran nuevos, pues, en su palabras «son

---

[27] Séneca, *Consolación a Helvia*, 8, 8, dice que el alma humana está compuesta de las mismas semillas de que constan los cuerpos divinos, los astros; también en Séneca, *Cartas*, 31, 11.

[28] Séneca, *Cartas*, 102, 22.

[29] Entre varios, véase Séneca, *Cartas*, 92, 27-35.

[30] Séneca, *Cartas*, 65, 23-24; Séneca, *Consolación a Marcia*, 25, 1-3; 24, 5.

[31] Idea expresada antes por otros; véase, sólo entre los romanos, Lucrecio, *De la naturaleza*, 3, 440, y Cicerón, *Tusculanas*, 1, 52.

[32] Séneca, *Cartas*, 66, 1-4.

vicios de los hombres, no de los tiempos»[33]. Estaba convencido de que «dios está cerca de ti, está contigo, está en ti», de que «no hay hombre de bien sin la intervención de la divinidad», como cuenta a su amigo Lucilio[34].

Desde ese convencimiento, la única rama de la filosofía que realmente le interesó fue la filosofía moral por considerar que sólo ella podía ayudar al hombre a ser mejor y a conseguir la felicidad, que no se encuentra en las cosas externas; pone su propio ejemplo: «Tengo mala salud; es una de las secuelas de mi destino. Mis criados están enfermos; mis rentas se han hundido, una casa amenaza ruina; pérdidas materiales, heridas, fatigas, alarmas han caído sobre mí: estas cosas suceden. Digamos mejor, deben necesariamente suceder: han sido decididas, no por casualidad»[35]. Para él, sólo los dioses inmortales poseían la virtud y la dicha plenas. El hombre podía acercarse a ellas, imitando a los dioses[36]; si conseguía llegar a ser un hombre de bien, sólo diferiría de dios por la duración de su existencia[37].

La opción filosófica de Séneca no estuvo condicionada por defectos de su formación. Conocía bien el pensamiento de los cínicos y de los epicúreos, como refleja en sus escritos. Había estudiado a fondo la filosofía de Platón como para ofrecer, en pocas páginas, una buena síntesis para uso de su amigo Lucilio[38]. Curiosamente, tras el resumen de esa filosofía, hizo un rápido giro para hablar del gusto de Platón por los ejercicios físicos, lo que le permitía servirse de Platón para aconsejar la necesidad de conservar el cuerpo del mejor modo posible, como hizo Platón, gracias a lo cual se mantuvo lúcido hasta los 81 años[39]. Séneca también conocía la filosofía de Aristóteles y de sus seguidores[40] y se había

---

[33] Séneca, *Cartas*, 97, 1.

[34] Séneca, *Cartas*, 41, 1-2; la misma idea en Séneca, *Cartas*, 44, 5; 83, 1-7.

[35] Séneca, *Cartas*, 96, 1.

[36] Séneca, *Cartas*, 92, 27-35.

[37] Séneca, *Sobre la providencia*, 1, 5-6. También, en Séneca, *Sobre la providencia*, 1, 6, sostiene que dios no maltrata al hombre de bien, sino que lo endurece con pruebas para hacerlo digno de él.

[38] Sobre todo en Séneca, *Cartas*, 58, 1-29, aunque hay reflejos de ese conocimiento en otras cartas suyas.

[39] Séneca, *Cartas*, 58, 29-31.

adentrado en las distinciones que se hacían de la filosofía (lógica, natural y moral); al relatar los campos y objetivos de cada una de esas partes, considera Séneca que era necesario añadir una cuarta destinada al estudio de la economía[41]. Significativamente, al aludir a la economía, le interesaba también bajo su vertiente moral y aprovechaba para arremeter contra los poseedores de los grandes dominios: «¿Hasta dónde vais a llevar los límites de vuestras posesiones? Una tierra que acogió a todo un pueblo resulta estrecha para un solo dueño. ¿Hasta dónde llevaréis con vuestros esfuerzos el límite de vuestros dominios rurales, si no os basta con marcarlos con la siembra de provincias enteras?»[42]

La opción de Séneca por la filosofía moral fue el resultado de su libre elección. Había observado que «el solo nombre de filosofía, incluso tratada con buen sentido, es muy impopular»[43]. Y entendía algunas razones de ese desprestigio. Según él, muchos filósofos perdían el tiempo con sutilidades dialécticas, haciendo juegos de sofismas o ensayando nuevos silogismos, que no tenían más finalidad que la de agudizar el ingenio[44]. Otros habían hecho de la filosofía un simple medio de vida: vendían la filosofía como si fuera cualquier mercancía de una tienda; eran simples charlatanes que no enseñaban más que vaciedades y controversias capciosas[45]. Séneca se había propuesto comprender las claves que ayudaran al hombre a vivir más feliz y más acorde con la voluntad divina. Y esas claves sólo se encontraban, según él, en el pensamiento de los estoicos que él seguía, aunque con cierta libertad según sus propias palabras: «[...] lee mis obras con la idea de que

---

[40] Expresamente en Séneca, *Cartas*, 85, 2-4, pero con múltiples alusiones en el resto de sus escritos.

[41] Séneca, *Cartas*, 89, 1-23, con una extensa exposición sobre las partes de la filosofía.

[42] Séneca, *Cartas*, 89, 20. Y aprovecha la ocasión para hablar del lujo y de las grandes mansiones de esos terratenientes. Las provincias orientales del Imperio y las del norte de África eran las que contenían los mayores latifundios de entonces, pertenecientes a la familia imperial y a senadores.

[43] Así, en Séneca, *Cartas*, 5, 2.

[44] Sobre esos ataques, resaltan algunas páginas en Séneca, *Cartas*, 111, 1-5; *Cartas*, 87, 11-40; *Cartas*, 49, 5-9.

[45] Contra ellos arremete en varias ocasiones: véase Séneca, *Cartas*, 45, 4; 58, 7-15.

estoy aún buscando la verdad, no habiéndola encontrado aún, a pesar de buscarla con obstinación. No dependo de nadie, no llevo la marca de nadie»[46].

Esta actitud de búsqueda continua la manifiesta también en sus estudios sobre la naturaleza, cuando reconoce que sus conocimientos son aún limitados y que será preciso esperar a que los hombres del futuro aporten nuevos avances[47].

Baste recordar ahora sus respuestas ante las dificultades de su propia vida para comprender varios rasgos de la filosofía moral por la que se había regido desde su juventud. Para mejor entender su visión, añadamos algunas precisiones, pues no debe olvidarse que, como él mismo decía, incluso siendo viejo, seguía aprendiendo y no siempre ponía en práctica todo lo que aconsejaba.

Cuando Séneca habla de los modelos a seguir, se refiere a ellos con términos diversos: el sabio, el hombre de bien y el filósofo son los más frecuentes. Eran términos equivalentes, incluido el de filósofo, siempre que se entendiera como alusivo a un filósofo estoico que situara la práctica de la moral por encima de cualquier otra consideración filosófica, pues, en sus palabras, «la filosofía no es un arte de agradar al público, un arte de exhibición: no reside en las palabras, sino en los hechos [...]. Moldea y forja el alma, ordena la vida, reglamenta las acciones, orienta sobre lo que hay que hacer, sobre lo que hay que dejar, se sienta junto al timón y dirige a los navegantes a través de los escollos. Sin ella, nadie puede vivir con coraje, ni con seguridad»[48].

---

[46] Séneca, *Cartas*, 45, 4. Pero también dice, en otros momentos, que el estoicismo es la filosofía perfecta (*Cartas*, 90, 35); de hecho fue la corriente a la que estuvo principalmente vinculado, como se deduce de toda su obra.

[47] Séneca, *Cartas*, 64, 6-10, afirma que el progreso moral como el científico no tiene límites. Indudablemente sus explicaciones sobre el arco iris, la reflexión y refracción de la luz, los terremotos y otros fenómenos naturales dejan hoy mucho que desear. Más acertado estuvo al asumir las tesis de algunos geógrafos alejandrinos que sostenían que se podía llegar a la India navegando hacia el Occidente, los mismos que defendieron la existencia de un continente al occidente del Atlántico.

[48] Séneca, *Cartas*, 16, 3; en *Cartas*, 16, 1, dice: «nadie puede llevar una vida feliz, ni siquiera soportable, sin el estudio de la sabiduría». También en *Cartas*, 37, 3-5, dice que la sabiduría da la libertad plena, y en *Cartas*, 53, 8-12, eleva el tono al sostener que la filosofía nos hará iguales a los dioses.

Leyendo su obra, puede parecer obsesiva su preocupación por la muerte; no debe olvidarse que uno de sus escritos, *Sobre la brevedad de la vida*, está destinado a reflexionar sobre el mismo tema[49]. Tal volumen de referencias a la muerte adquiere pleno valor cuando intenta dejar claro que el primer principio de su filosofía moral reside en la necesaria aceptación de la muerte: somos mortales y nuestro fin está programado. Matizaba así opiniones de otros filósofos, como la de Epicuro que había dicho «Prepárate para morir», sustituyéndola por «Es bello aprender a morir» y también por esta otra: «Quien sabe morir, no sabe más ser esclavo»[50].

Para Séneca, en la aceptación consecuente de la muerte, se encuentra una de las bases de nuestra libertad, pues nos conduce a superar muchos de los miedos que atenazan la existencia humana. Lo dice de múltiples formas: «Morimos cada día. Sí, cada día se nos quita una parte de nuestra vida [...]. Este mismo día en que vivimos está repartido entre la vida y la muerte [...]. Así, la hora última en que dejamos de existir no es la única que hace la muerte, sino sólo la consuma. Entonces llegamos al término, pero íbamos a él desde hace tiempo»[51].

La preocupación por comprender el valor y el sentido de la vida a través de una reflexión sobre la muerte pertenece ya a los primeros escritos de Séneca, a sus *Consolaciones*. A Marcia le decía: «Mortal naciste y para la muerte pariste a tus hijos»[52], y también «La escena [de la vida] se decora con instrumentos prestados (hijos, honores, riquezas, vastos atrios y vestíbulos llenos de clientes... es ornamento prestado) que hay que devolver a sus dueños [...]. Nuestro es sólo el usufructo por el tiempo que libremente determine quien nos hace ese regalo»[53].

De su idea que repite con insistencia de que lo más terrible de la muerte es el miedo que se tiene a ella, deriva su defensa del derecho al suicidio, no para llegar a él por cobardía, sino como salida de una vida inútil; lo considera un derecho que nos ha re-

---

[49] Presenta una síntesis de esa obra en Séneca, *Cartas*, 32.

[50] Séneca, *Cartas*, 26, 81.

[51] Séneca, *Cartas*, 24, 19-20.

[52] Séneca, *Consolación a Marcia*, 11, 1.

[53] Séneca, *Consolación a Marcia*, 10, 1-2.

galado la divinidad. Así, un pensamiento de Epicuro que había dicho «Es una desgracia vivir en la necesidad, pero no hay ninguna necesidad de vivir en la necesidad», recibe esta matización de Séneca: «Ciertamente no hay ninguna [necesidad]. Por todas partes, están abiertas muchas y fáciles vías para la libertad. Agradezcamos a dios el que nadie puede ser retenido en esta vida; está permitido pisotear las necesidades»[54].

Pero defender el derecho al suicidio no es hacer apología del mismo. Y Séneca nunca la hizo: entiende que el deseo del suicidio podía ser a veces una manifestación más de haber superado el miedo a la muerte, pero, para los inseguros o fanáticos, recomendaba: «No amemos demasiado, ni odiemos demasiado la vida. Incluso cuando la razón nos aconseja el ponerla un fin, no nos precipitemos a la ligera»[55]. El suicidio queda así, en su pensamiento, como una vía de escape ante una vida inútil para los familiares, los amigos y el resto de los seres humanos: lo importante, piensa, es tener una vida plena aunque sea corta, no una vida larga y vacía[56]; también como un componente de la reflexión para superar el miedo a la muerte, uno de los factores que distorsionan la tranquilidad del espíritu[57]. Llega a calificar el miedo a la muerte de vicio que debemos vencer[58].

Otro de los principios de la filosofía moral de Séneca residía en la necesidad de dominar las exigencias excesivas del cuerpo humano, como medio imprescindible para conseguir la tranquilidad y la libertad del espíritu. Toda su vida personal había estado marcada por una lucha sin cuartel para dominar su cuerpo enfermo. Siempre recomendó y practicó ejercicios físicos moderados, una dieta sobria y una vida ocupada[59]. Aprendió en sí mismo que

---

[54] Séneca, *Cartas*, 12, 11; ideas semejantes en Séneca, *Sobre la providencia*, 6, 7-9; Séneca, *Sobre la cólera*, 3, 15, 3-4; Séneca, *Cartas*, 19,1; 24, 9-10; 30; 26, 10; 36, 9 y otros pasajes de sus obras.

[55] Séneca, *Cartas*, 24, 24. La justificación del suicidio para algunos casos y las opiniones contrarias de otros filósofos en Séneca, *Cartas*, 70, 4-18.

[56] Séneca, *Cartas*, 93, comentando la muerte del filósofo Metronax.

[57] Idea presente en Séneca, *Sobre la vida feliz* y en otros escritos suyos; así, en *Cartas*, 24, 22-23.

[58] Séneca, *Cartas*, 78, 25-29. Un texto valioso resulta su carta dirigida a Marullo para consolarle por la muerte de su hijo: Séneca, *Cartas*, 99.

[59] En su tratado *Sobre el ocio*, dejó claro que ocio no debía identificarse

el sufrimiento es soportable y que, como decía, la enfermedad tenía la ventaja de que obligaba a interrumpir los hábitos embrutecedores del lujo. Ser dueño del cuerpo equivalía, pues, para Séneca, a que debía resultar indiferente el dolor, la enfermedad, la pobreza, el exilio y la muerte[60].

Frente a los muchos epicúreos de su tiempo a los que acusa de estar «dados a una perezosa ociosidad [y que tienen] sus cuerpos pálidos de no hacer nada», frente a esos mismos que decían que «el mayor bien reside en el vientre»[61], Séneca defiende la actividad y ataca con dureza a los que llama «esclavos del vientre». Lo justifica incluso con razones económicas al decir que un «vientre hambriento apenas cuesta, un vientre ambicioso, resulta costoso»[62].

Si Apicio había sido puesto como el ejemplo más desdeñable de los glotones[63], acudió al caso de Pisón, prefecto de la ciudad de Roma bajo Augusto, como ejemplo de los borrachos: «No dejó de estar borracho desde el día de su nombramiento para el cargo, pasando la mayor parte de la noche en festines»[64]. Alejandro Magno no fue nunca un personaje que gozara de las simpatías de Séneca por varias razones, y también porque, estando borracho, mató sin desearlo, con una lanza, a su mejor y más fiel amigo Clito[65]. La borrachera puede conducir a la cólera, otra de las debilidades humanas que aconsejaba controlar[66].

---

con inactividad, sino sólo con estar separado del trajín de la vida política; en su concepto del ocio incluía la necesidad de una ocupación constante, también mental. De ahí, una de sus frases célebres: «El ocio sin estudio es la muerte», *otium sine litteris mors est* (Séneca, *Cartas*, 82, 2). También sostenía que la sobriedad alarga la vida (Séneca, *Cartas*, 58, 32; 59, 13) y que era necesario prepararse para soportar el sufrimiento (Séneca, *Cartas*, 67, 7-16).

[60] Así, en Séneca, *Cartas*, 82, 10-16.

[61] Séneca, *Sobre los beneficios*, 13, 1; la misma idea en otros pasajes de la misma obra (así, 4, 2, 1) y en Séneca, *Sobre la vida feliz*, 7, 1.

[62] Séneca, *Cartas*, 60, 3.

[63] Ya antes aludimos a él: véase Séneca, *Consolación a Marcia*, 10, 3-5; 10, 8-11. Contra la glotonería, insiste en otras ocasiones: así, Séneca, *Cartas*, 89, 22.

[64] Más información sobre este Pisón en Séneca, *Cartas*, 83, 14-15.

[65] Séneca, *Cartas*, 83, 16-26. Séneca despreciaba también de Alejandro Magno su carácter colérico y su ambición de poder, lo que le llevaba a la guerra; Séneca se declaraba pacifista.

[66] Séneca, *Sobre la cólera*, plantea la necesidad de controlarla tanto para

En esa doble línea didáctica de defender la moderación y el dominio sobre el cuerpo con consejos generales y con testimonios elocuentes[67], relata con todo detalle el caso extremo de Hostio Cuadra, al que consideraba el hombre más obsceno y depravado de Roma: Hostio había rodeado de espejos de aumento su dormitorio para disfrutar en sus orgías sexuales con hombres y con mujeres no sólo en sus partes eróticas, sino también con la visión simultánea e incrementada de todas las escenas. ¡Es fácil imaginar las escenas de Hostio descritas por Séneca![68].

A la glotonería, la lujuria y los peligros del vino, añadía Séneca el vicio generalizado en su época del exceso de lujo que conducía a una vida muelle y a una valoración excesiva de los bienes materiales que sólo proporcionan placeres para el cuerpo.

Decía a su amigo Lucilio: «Prefiero vivir mal que muellemente. Y cuando digo mal, entiéndelo en el sentido en que lo usa el pueblo: vivir con escasez, padecer, sufrir penalidades. Solemos oír con admiración al referirse a personas envidiadas: "Vive con todas comodidades"; dicen realmente esto: "Es un hombre blando." Pues el alma poco a poco se afemina y languidece a semejanza de su vida ociosa y de su pereza»[69].

Incluso le seguían pareciendo insensatos los casos como el de Cornelio Seneción, quien tenía una riqueza adquirida de forma honrada, pues «sabía adquirir, sabía conservar» y era «de una sencillez total de costumbres». Y, tomando a Seneción como modelo, añade: «¡Qué ceguera programar así una vida cuando no se es dueño del día siguiente! ¡Insensatos que hacéis proyectos para tan largo plazo! Compraré, construiré, haré préstamos, obtendré beneficios, ocuparé cargos. Después de eso, cansado y viejo, me

---

quienes ostentan el poder (Calígula fue puesto como ejemplo de los desmanes de un emperador colérico), como para los particulares. La cólera podía conducir también a ser injusto con los amigos y los esclavos, sobre los que Séneca, como veremos, tenía una visión muy particular.

[67] Séneca se sirvió muy a menudo de los ejemplos de ilustres antepasados que podían servir de modelos a imitar: Catón, la madre de los hermanos Graco, etc.

[68] Séneca, *Cuestiones naturales*, 1, 16, 1-9, relata con detalle los acoplamientos de Hostio Cuadra.

[69] Séneca, *Cartas*, 82, 2.

retiraré para llevar una vida ociosa»[70]. Pero Seneción, en la cumbre de sus riquezas, murió de repente a consecuencia de una angina de pecho.

Para Séneca, ceder a las exigencias excesivas del cuerpo era señal de un alma enferma. Y esas cesiones podían concretarse de múltiples formas, como el acudir a los baños de Bayas, porque se habían convertido en «un albergue de vicios»[71], el «hacer de la noche el día», práctica de algunos romanos a los que Séneca califica de «semejantes a los difuntos y a las lechuzas»[72] o el prestar mucha atención al adorno del cuerpo y del cabello[73].

En opinión de Séneca, toda cesión a las exigencias excesivas del cuerpo era una derrota para el espíritu y una intervención contra el orden de la naturaleza; y matiza más aún: «En efecto, entre las muchas desgracias, la peor es que cambiamos incluso de vicios [...]. Nuestros criterios no sólo son malos, sino inconstantes»[74].

No bastaba, según Séneca, con conseguir el dominio de las malas tendencias del cuerpo para lograr la libertad del espíritu, pues éste exigía también atenciones particulares. La propia vida de Séneca era un testimonio de dedicación al cuidado del espíritu con el estudio, las lecturas, la escritura y la atención a conferencias y discusiones con los filósofos. Recuérdese una de sus frases célebres: «El ocio sin estudio es la muerte»[75].

Aún así consideraba que se exigía mucho coraje y constancia para recorrer el largo y complicado camino hacia la virtud[76]. Atacaba un defecto muy común, el de los que buscaban en el cambio de lugares la solución a sus problemas interiores: «No quiero que te cambies de lugares y que andes dando vueltas de un sitio a

---

[70] Séneca, *Cartas*, 101, 1-3.

[71] Se trataba de uno de los balnearios romanos más famosos, situado en Campania, adonde acudían los ricos de entonces: Séneca, *Cartas*, 51.

[72] Séneca, *Cartas*, 122, 1-4. Y lo apoya con ejemplos de trasnochadores famosos como Acilio Buta, antiguo pretor, que despilfarró todo su patrimonio; Acilio empezaba a dormir al amanecer (*Cartas*, 122, 10-18).

[73] Séneca, *Sobre los beneficios*, 1, 10, 2-4.

[74] Séneca, *Sobre el ocio*, 1, 2.

[75] Séneca, *Cartas*, 82, 2.

[76] Ideas expresadas en Séneca, *Sobre la constancia del sabio, passim*.

), pues estos cambios tan frecuentes son la marca de un alma stable, que no puede consolidarse en el ocio más que con la nuncia a mirar a todas partes y a estar vagabundeando. Para consolidar tu espíritu impide primero que tu cuerpo esté en fuga. Los remedios continuados son los más eficaces»[77]. Lo había expresado antes con una frase lapidaria: «Quien está en todas partes, no está en ninguna»[78]. Era una época en la que se habían puesto de moda, entre las capas altas de la sociedad, las excursiones y lo que hoy llamaríamos viajes de turismo.

Cuando Séneca escribió sus *Consolaciones*, se enfrentó a la necesidad de convencer a sus destinatarios de los modos de controlar los sentimientos, los afectos y los recuerdos: las consecuencias por la pérdida de un hijo (*Consolación a Marcia*), de un hermano (*Consolación a Polibio*) o por el destierro de un hijo (*Consolación a Helvia*). Entonces comprobó que se movía en un terreno más difícil de la filosofía moral. Séneca aparece torpe e inseguro cuando recomendaba a Marcia que pensara en el sentido de la vida, que recordara que hemos nacido mortales, que lo que a ella le pasó sucede a otros y que orientara sus afectos a los hijos que aún le quedaban. En un nivel muy próximo a los familiares, situaba Séneca a los amigos. Le decía a Lucilio: «Yo también he llorado a mi querido amigo Anneo Sereno, con menos moderación de lo que yo quisiera, a mi pesar, situándome entre los ejemplos de aquellos que han sucumbido al dolor»[79]. A Lucilio se le había muerto su amigo Flaco y, para su consuelo, acudía a razonamientos análogos a los que expuso a Marcia ante la pérdida de su hijo: disfrutemos de nuestros amigos mientras los tenemos, el mundo está sometido a las leyes de la muerte que son inciertas, sustituyamos su pérdida con el afecto de otros amigos y mantengamos la dulzura de su recuerdo, pero respondamos a la dignidad viril de no llorar como las mujeres[80]. ¡Seguía estando torpe en el terreno del control de los sentimientos!

---

[77] Séneca, *Cartas*, 69, 1-2.

[78] Séneca, *Cartas*, 2, 2.

[79] Séneca, *Cartas*, 63, 14.

[80] Séneca, *Cartas*, 63, 1-13, donde recuerda que el luto y el llanto de las mujeres por sus seres queridos estaba reglamentado —resultaba excesivo más de un año— y que se veía mal que un hombre cayera en la debilidad de llorar.

Uno de los ámbitos preferentes de la reflexión de Séneca fue el de la amistad. A su tratado *Sobre la amistad* (con el sugerente subtítulo de «Cómo debe conservarse la amistad»), se añaden referencias a los amigos en sus cartas —escritas precisamente a un amigo—, y en otros tratados; entre ellos, sobresale el de *Sobre los beneficios* (realmente «Sobre los favores»). Séneca entiende que los amigos son necesarios para conversar y para descubrir libremente el alma: «Cuando me doy a mis amigos, no me ausento de mí mismo. No me dejo entretener por personas con las que he tenido una simple relación o una obligación social; pertenezco exclusivamente a los más virtuosos»[81]. Y con ese criterio, no encontraba a los amigos que pensaran exactamente como él. El caso más elocuente es el de su relación con el filósofo cínico Demetrio, a quien mantuvo como amigo desde su juventud; aún en el año 64, decía de él: «Demetrio es la virtud misma; lo llevo a todas partes conmigo [...] y lo admiro. Pues es preciso admirarlo: he podido constatar que no carece de nada. Puede despreciar todo; nadie puede tener todo. Para ser rico, el camino más corto es el desprecio de las riquezas. Nuestro Demetrio vive como quien desprecia todos los bienes materiales, como quien ha permitido que los tengan los demás»[82]. Debe entenderse que su admirado amigo Demetrio era el invitado perpetuo de Séneca. No importaba. Con Demetrio podía intercambiar conocimientos.

Ante los casos perdidos, consideraba Séneca que era preferible excluirlos de su círculo. Así, aconsejaba a Lucilio no perder el tiempo intentando convertir a un amigo suyo a la filosofía; estaba tan lleno de vicios, que no merecía la pena hacerse ilusiones con su mejora[83].

La posesión de bienes, para Séneca, sólo tenía sentido si se sabían utilizar para ayudar a los amigos. El tratado *Sobre los beneficios* está lleno de referencias a los favores que hay que pres-

[81] Séneca, *Cartas*, 62, 2; en Séneca, *Cartas*, 65, 1-2, desvela una parte de su vida privada: se reunía con filósofos en su casa para discutir.

[82] Séneca, *Cartas*, 62, 3. Véase también Séneca, *Cartas*, 48, 4-7, en la que expresa los deberes para con los amigos.

[83] Séneca, *Cartas*, 122.

tar a los amigos; aunque él no lo menciona, Juvenal recuerda que Séneca hizo muchas donaciones de bienes a sus amigos[84].

La filosofía moral de Séneca estaba, pues, muy alejada de la predicada por filósofos ambulantes como Serapión, llenos de palabrería, pero inconsecuentes[85]. Entiende que la filosofía sólo tiene sentido si contribuye al hombre a conseguir la virtud: «Enseña a practicar, no a hablar, y exige que todos vivan conforme a la ley [divina], que la vida no disienta de la enseñanza ni se contradiga a sí misma»[86].

¿Séneca rico y depravado bisexual?

Incluimos antes una parte del texto de Dión Casio en el que vertía varias acusaciones sobre el supuesto cinismo de Séneca. El mismo Dión sigue diciendo: «Mientras después [Séneca] recriminaba a los ricos su condición, él mismo había llegado a poseer una fortuna de trescientos millones de sestercios. Finalmente, mientras criticaba la suntuosidad en la que vivían otros, poseía quinientas mesas de madera de cedro con patas de marfil, todas iguales, que utilizaba para servir en ellas los banquetes. Diciendo esto, he revelado también otros aspectos de su tenor de vida, es decir, la vida disoluta a la que [Séneca] se abandonaba incluso en el momento en que celebró las bodas más renombradas y la pasión que sentía siempre por los chicos, no siempre jóvenes, vicio que transmitió también a Nerón. Ciertamente, en sus comienzos, era de una austeridad tal de costumbres hasta el punto de pedir al emperador de que lo dispensara de la obligación de besarlo y de comer en su mesa junto a él»[87]. Y añade Dión maliciosamente que era comprensible lo de no desear comer porque buscaba

---

[84] Una síntesis de Séneca, *Sobre los beneficios*, en su *Cartas*, 81; sobre la generosidad, Séneca, *Cartas*, 39, 2-3; Juvenal, *Sátiras*, V, 109-112.

[85] Séneca, *Cartas*, 40, 2, recrimina a su amigo Lucilio por haber ido a escuchar a Serapión cuando éste pasó por Sicilia. Serapión hablaba mucho y muy deprisa, pero no adaptaba su conducta a sus palabras.

[86] Séneca, *Cartas*, 20.

[87] Dión Casio, 61, 10, 3-4. En cambio, Dión Casio 59, 19, 7-8: 61, 33; 61, 4, 1, se muestra favorable hacia Séneca.

tiempo para dedicarse a sus estudios filosóficos; pero que lo de rehuir el beso de saludo no tenía otra explicación más que «Séneca no tenía intención de besar una boca como aquella, tan sucia por las relaciones que mantenía con sus amantes»[88].

No debe olvidarse que Dión Casio escribía después de haber pasado ciento cincuenta años desde la muerte de Séneca y que, por lo mismo, la información de que se sirvió la tomó de autores y documentos anteriores, no siempre bien cribados[89]. Uno de ellos pudo ser Plinio el Viejo, el autor de la monumental obra *Historia natural* y personaje de rango ecuestre que, por algún motivo, pudo haberse sentido relegado y herido por Séneca o por personajes de su círculo. Plinio, que no se refirió a Séneca con benevolencia, encontró su reconocimiento tras la muerte de Nerón, en época del emperador Vespasiano[90]. Otra fuente hostil a Séneca, utilizada por Dión Casio pudo haber sido Cluvio Rufo. Y sin duda Dión pudo servirse de los escritos de otros autores que no han llegado a nosotros.

El único de los autores antiguos que acusa a Séneca de bisexualidad es Dión Casio. La historia está llena de ilustres predicadores que tuvieron una vida privada oculta que no respondía a las recomendaciones que daban. Nada es, pues, imposible, pero resulta extraño que figuras más próximas en el tiempo a Séneca y defensores de la misma moralidad, como Juvenal, contrapongan precisamente a Séneca, como modelo de vida virtuosa, a Nerón[91]. Más aún, si se advierte el propio relato de Dión es contradictorio cuando dice, más adelante, que Séneca rehuía besar a Nerón.

No sería imposible que Séneca, como ha sucedido a personajes relevantes, hubiera sido víctima de acusaciones infundadas sobre desviaciones sexuales. Nos consta que, ya desde el siglo VI a.C., cuando se atacaba a los tiranos griegos, se había creado una batería de tópicos de desprestigio y los relacionados con el sexo (promis-

---

[88] Dión Casio, 61, 10, 5.

[89] Véase A. Momigliano, 1975, pp. 799 y ss.; sigue siendo básico para la comprensión de toda la obra de Dión el estudio de F. Millar, 1964.

[90] Sobre las fuentes de Dión Casio para estas partes, véase M. Sordi, Dión Casio, 1999, pp. 15 y ss.

[91] Juvenal, *Sátiras*, VIII, 212.

cuidad, abusos con jóvenes, pedofilia y homosexualidad) se encontraban entre los primeros. El autor hostil a Séneca, del que se sirvió Dión Casio, pudo simplemente dejarse llevar por rumores. Séneca se casó por primera vez, demasiado tarde para los usos de su época, hacia los 40 años; también demostró poseer unas dotes especiales para comprender y mantener amistades con algunas mujeres. Esos rasgos pudieron ser suficientes para que algunos sospecharan y divulgaran unas supuestas tendencias homosexuales en él. Probablemente, Dión aceptó con excesiva facilidad noticias no bien contrastadas, como lo hizo con otras de sus acusaciones.

¿Cuántas villas y casas necesitaba tener Séneca para colocar esas 500 mesas de madera de ébano con patas de marfil? ¿Se había convertido en un coleccionista caprichoso de ese tipo de mesas? Sin duda, eran mesas caras. Tanto el ébano como el marfil llegaban de Egipto. Hace años que se dijo que Séneca tenía intereses económicos en Egipto[92], adquiridos durante los años de su estancia en aquel país o bien heredados de sus tíos, en cuya casa se albergó en Egipto. Lo confirma él mismo, cuando se encontraba en Campania y oyó que llegaban los barcos de Alejandría: «Hoy se han aparecido de repente las naves de Alejandría, las que siempre envían por delante para anunciar la flota que las sigue; las llaman mensajeras. Es agradable el ambiente de Campania: toda la población está sobre los muelles de Puteoli y se reconocen, en medio del conjunto de naves, las velas iguales de las de Alejandría [...]. Mientras todo el mundo acudía corriendo desde todas partes, he disfrutado de mi pereza, pues no me apresuré a recoger la correspondencia de los míos, no he tenido prisa por saber cuál era el estado de mis negocios de allí: hace tiempo que me es indiferente si tengo pérdidas o ganancias. Aunque no fuera viejo, debía haber pensado lo mismo, pero ahora mucho más. Por mal que esté mi patrimonio, me sobrarán más provisiones para el camino que caminos, ante todo cuando ya he entrado en aquel camino que no es preciso completar hasta el fin»[93].

Resulta absurdo imaginar las casas de Séneca, llenas de mesas de ébano y marfil hasta en los aposentos más alejados de su

---

[92] Véase P. Faider, 1930, pp. 83 y ss.

[93] Séneca, *Cartas*, 77, 1-3.

servidumbre. Puede, en cambio, ser razonable el pensar que uno o bien el único negocio de Séneca con Egipto residiera en la compra e importación de ese tipo de mesas; es decir, habría importado 500 mesas hasta que cambió el gusto y su negocio inicial dejó de ser rentable, pues, en el año 64, le contaba a su amigo Lucilio que sus inversiones se habían venido abajo[94].

Dice Dión que Séneca tenía una fortuna de trescientos millones de sestercios. Al no disponer de otra fuente que ofrezca cifras, no tenemos razones para pensar que Dión intentara mentir, pero pudo ser engañado por la fuente que él siguió. ¿Cómo se evaluó esa fortuna? Probablemente, haciendo un cálculo global sobre los bienes aparentes de Séneca (casas, villas, esclavos, fincas) y sobre las noticias que circularan relacionadas con sus inversiones, siempre opacas. Incluso suponiendo que la evaluación la hubiera hecho alguno de sus enemigos y realmente sólo dispusiera de ciento cincuenta o doscientos millones de sestercios, seguía resultando una fortuna considerable[95]. ¿Excesiva como para ser considerada una de las mayores fortunas de Roma? De ningún modo.

Disponemos de algunos otros datos sobre los bienes de Séneca. De sus cartas se deduce que, además de su casa de Roma, tenía una villa cercana a la ciudad, la Suburbana[96], otra más apartada en el territorio de Nomento[97], otra villa en los montes

---

[94] Séneca, *Cartas*, 119.

[95] Cuando se valoraba una villa para ser vendida, era habitual que el cálculo se hiciera incluyendo las tierras, la casa y los *instrumenta* (aperos, animales y esclavos). Naturalmente, la variación era muy grande, según la villa dispusiera de esclavos jóvenes o viejos, de expertos o inexpertos en técnicas agrícolas, pues la inversión en éstos podía rentabilizarse con el alquiler de su mano de obra para otras villas. Mientras un esclavo joven podía comprarse por 1.500-2.000 sestercios, Columela dice que un buen viticultor podía valer 8.000 sestercios. Y si se llegó a pagar la cifra astronómica de 700.000 sestercios por un esclavo gramático, la adquisición de un buen copista de libros, como necesitaban Séneca y otros hombres cultos de entonces, podía ascender a varias decenas de miles de sestercios.

[96] Séneca, *Cartas*, 12, 1; Tácito, *Anales*, 15, 60, 4.

[97] Séneca, *Cartas*, 104; 110. Plinio, 14, 49-51, dice que una villa comprada por Remmio Palemón, famoso por su tratado de gramática, en el territorio de Nomento, le había resultado muy barata, pues pagó por ella sólo 600.000 sestercios. No sabemos las dimensiones de la parte construida ni extensión de tierras que tenía ninguna de esas dos villas.

Albanos[98] y otra, la más frecuentada, en Campania, cerca de Nápoles[99]. Sobre la Suburbana precisa que era una villa vieja y en ruinas.

Otra de sus fuentes de riqueza había sido una parte heredada del patrimonio que los padres tenían en Córdoba y que su madre Helvia se había encargado de mejorar, según le dice Séneca a su madre: «Gustosamente, incrementaste el patrimonio de tus hijos que ya eran ricos»[100]. Sin duda, su mujer Paulina contribuyó a mejorar los recursos familiares con la aportación de su dote, que podía incluir bienes raíces de la Narbonense. Y Dión Casio dice que Séneca había hecho un préstamo de cuarenta mil sestercios a los nobles de Britania[101].

A este conjunto de bienes, Séneca añadía los que había recibido como regalo de Nerón, a los que ya nos referimos antes y sobre los que ninguna fuente antigua precisa su cantidad y su carácter.

Ese conjunto de datos conocidos permiten situar a Séneca en una buena posición económica, pero no a considerarlo como el hombre más rico de Roma. Raro era el senador que no disponía de cuatro o cinco villas, de latifundios en provincias y de bienes muebles invertidos en sociedades. Se puede recordar la información proporcionada por las cartas de Cicerón, nunca considerado como poseedor de una extraordinaria fortuna. Tras su destierro del año 58 a.C., quedó casi en la ruina, pero, ya en el año 55 a.C., disponía al menos de una casa en Roma que había tenido que reconstruir, de una villa en Túsculo, de una villa en Formia, de una villa en Cumas y de una casa en Pompeya[102].

Las grandes fortunas no son estables. Tampoco lo fue la de Séneca. A raíz de su destierro en Córcega, el fisco le incautó una parte de sus bienes, que pudo haber recuperado parcialmente tras su reincorporación a la vida política en el año 49. Los años en

---

98 Séneca, *Cartas*, 123.

99 Séneca, *Cartas*, 56, 1-4; 55; 84.

100 Séneca, *Consolación a Helvia*, 10, 2-3.

101 En su versión negativa sobre Séneca, Dión Casio, 62, 2, 1, dice que, en el año 61, Séneca exigía que le pagaran en bloque lo adeudado, con lo que lo sitúa entre otros acreedores romanos que estimularon a los britanos a la rebelión.

102 Cicerón, *Cartas a Ático*, 1, 20, 1; 4, 2, 2; 4, 2, 5-6; 4, 9, 1; 4, 9, 2.

que alcanzó una mayor fortuna parecen corresponder con los de su actividad como maestro y consejero de Nerón, ante todo a partir de la muerte de Claudio. En los últimos años de su vida, seguía manteniendo en ruinas su villa Suburbana y, como indica en varios momentos, su patrimonio había mermado[103].

La fortuna de Séneca era, pues, muy similar a la de otros muchos senadores. Entendiendo las exigencias de su rango, parece excesivo calificar a Séneca de cínico, porque atacaba los abusos de los prestamistas[104], porque definía a la avaricia como «la peste más terrible del género humano»[105] y por defender la necesidad de hacer favores, también económicos y sin esperar recompensa: «Practiquemos el favor, no el préstamo con interés» y «merece ser decepcionado el que hace un favor, esperando ser pagado»[106]. Y aún más explícito en este otro pasaje: «No te canses y cumple tu obra de hombre de bien. Ayuda a uno con un bien material, a otro con tu crédito, a otro con tu influencia, a otro con consejos, a otros con preceptos sanos»[107].

La respuesta personal de Séneca ante la pobreza y la riqueza fue semejante a la que había dado ante el abandono o bien la participación en la vida política. Prefirió comprometerse en ella como único medio de influir sobre el poder. Consiguió también una gran fortuna como medio para mantenerse en el rango senatorial, para disponer de tiempo para la actividad política y los estudios y también para usar las riquezas de forma muy distinta a como las empleaban otros contemporáneos. Como no había optado por la vía del cinismo como su amigo Demetrio, le quedaba cierta fuerza moral cuando hacía suyas frases de Epicuro como «Es bello la alegría en la pobreza; es pobre no quien tiene poco,

---

[103] Séneca, *Cartas*, 77, 2-3.

[104] Séneca, *Sobre los beneficios*, 3, 15; 7, 10, 3; 1, 10, 1; Séneca, *Sobre el ocio*, 3, 3.

[105] Séneca, *Consolación a Helvia*, 13, 1-3; Séneca, *Sobre los beneficios*, 7, 10, 3-6; 7, 9, 2, y *passim*.

[106] Séneca, *Sobre los beneficios*, 1, 1, 9.

[107] Séneca, *Sobre los beneficios*, 1, 2, 4. Y añade que hasta las bestias se hacen más mansas con quien les concede ayuda. ¿Qué hay ingratos? No importa; un segundo favor les hará entrar en razón. También, Séneca, *Sobre los beneficios*, 1, 5, 1-3.

sino quien tiene excesos de deseos [de poseer]»[108] u otras que él mismo acuñó y repitió con insistencia; así cuando decía que «Lo que precisa la naturaleza está disponible y preparado [...]. Lo que es suficiente está a nuestras manos. Quien se adapta a la pobreza ése es rico»[109]. Pues entendía que la auténtica riqueza reside en la capacidad de controlar los deseos[110]. ¡Qué destructor puede ser este pensamiento en nuestra sociedad de consumo!

Para Séneca, el mal no reside en disponer de más o menos bienes, sino en la actitud ante la riqueza. Decía: «El mal no está en las cosas, está en el alma» y también «Para muchos, la adquisición de riquezas ha sido menos un fin que un cambio de miserias»[111].

Y si le resultaba penosa la ambición de muchos por poseer, más lamentable le parecía la figura del nuevo rico que se dedica a hacer exhibiciones de su riqueza. Recuerda al liberto Trimalción, tan bien reflejado en *El Satiricón* de Petronio, el caso contado por Séneca de Calvisio Sabino, que poseía una riqueza tan grande como su incultura; para pasar por hombre culto, Calvisio compró nueve esclavos a precio de oro y les mandó especializarse de modo que cada uno conociera a la perfección a los nueve poetas más grandes de la historia (Hesiodo, Homero...). Mientras con la presentación de exquisitos manjares en banquetes suntuosos, hacía exhibición de sus riquezas, los invitados podían percibir que se encontraban en un ambiente culto al tener tan cerca y poder escuchar a poetas tan renombrados[112]. ¡Qué ridiculez!, diría Séneca.

No hay propuesta de nuevo sistema económico en el pensamiento de Séneca. Su filosofía moral iba destinada a mejorar las

---

[108] Séneca, *Cartas*, 2, 5, con su frase lapidaria: *Honesta res est laeta paupertas*.

[109] Séneca, *Cartas*, 4, 10.

[110] Séneca, *Cartas*, 21, 8, a partir de un pensamiento de Epicuro dice: «¿Quieres hacer honorable a Pitocles? No le añadas más honores, reduce sus deseos. ¿Quieres que Pitocles disfrute plenamente? No añadas más a sus placeres, reduce sus deseos. ¿Quieres dar a Pitocles una vejez y una vida plena? No le añadas más años, reduce sus deseos.»

[111] Séneca, 17, 11-12; ideas semejantes en otros pasajes de su obra como *Cartas*, 25, 4; 21, 11; 18, 5-7; 20, 11.

[112] Séneca, *Cartas*, 27, 4-6. Naturalmente, a costa de Calvisio, vivían también algunos otros como Satelio Cuadrato, un merodeador de los imbéciles (Séneca, *Cartas*, 27, 7-8).

condiciones de la existencia humana en el marco del sistema de su época. Desde esta perspectiva, se entiende que las contradicciones del pensamiento de Séneca no eran tanto subjetivas, cuanto objetivas; eran las resultantes del contraste entre el nuevo sistema moral propugnado por Séneca y el marco de un sistema económico que conducía a lo que Séneca atacaba.

Séneca y el cristianismo

Los autores cristianos, ya desde la Antigüedad, valoraron positivamente a Séneca[113]. En la Europa medieval y moderna, Séneca siguió gozando de un gran prestigio. Entre ellos, predominó la idea de un Séneca pagano como precursor del cristianismo y, para algunos, la de un Séneca próximo a la conversión al cristianismo.

Se comprenden esas actitudes por tres hechos principales: el hermano mayor de Séneca conoció a san Pablo; la visión de Séneca sobre la divinidad permitía pensar en que creía en un dios único, creador y regidor del mundo y de los destinos humanos; y, en tercer lugar, la moral defendida por Séneca estaba muy próxima a la moral defendida por los cristianos.

La concepción de un dios supremo, creador y regidor del mundo no era exclusiva de Séneca y de otros filósofos. Los sacerdotes de Egipto ya habían elaborado ideas muy depuradas y sobre la divinidad. Ya bajo el faraón Amenofis IV, en el Imperio Medio, se había dado un paso importante hacia el monoteísmo encarnado en la figura de Ra, el sol, a quien, en el himno que le compuso el propio faraón era mencionado como «dios único, que no tienes semejante, tú que has creado la tierra [...] cuando estabas solo». A pesar del fracaso político de Amenofis IV y del retorno a las antiguas creencias, sus ideas no fueron borradas del todo. Cuando el propio emperador Augusto estuvo en Egipto, había acudido como devoto al templo del dios Mandulis, al que se consideraba un dios único y eterno, equiparable al Aión de Alejandría, dios eterno[114]. Séneca tuvo la posibilidad de conocer

[113] Tertuliano, *Sobre el alma*, 20, dice: *Séneca saepe nortee.*

[114] Véase G. Zuntz, 1992, p. 12 y ss.

personalmente las creencias en esos dioses, pues sabemos que escribió una monografía *Sobre el lugar y los rituales religiosos de los egipcios*, obra que no ha llegado a nosotros. En la renovación religiosa de Augusto, se mantenía el panteón tradicional de los dioses, pero también se había erigido por primera vez un templo consagrado a todos los dioses[115]. Desde las últimas décadas del s. I, comenzaron a ser frecuentes los grupos de creyentes, no sólo de filósofos, que defendían la existencia de un dios único, supremo y creador[116]. Todo conduce a pensar que Séneca ni fue el primero ni estaba solo en esa concepción de la divinidad.

El pensamiento moral de Séneca, compartido por otros grupos de filósofos y sectores sociales de su época, terminó ganando adeptos. Durante los emperadores Antoninos (98-193), el estoicismo fue una filosofía en auge; Marco Aurelio, el emperador filósofo, estoico, no fue más que un exponente de la misma corriente de pensamiento. Ello condujo a que la moral, también la moral sexual, de esa época se pareciera tanto a la moral cristiana.

A partir de los emperadores Flavios, los médicos fueron ganando prestigio en la sociedad romana. No sólo intentaban curar las enfermedades declaradas, sino que aconsejaban medidas preventivas para conseguir un cuerpo y un espíritu sanos. Todo lo relacionado con las relaciones sexuales adquirió un interés de primer orden. Desde la idea extendida de que se precisaba el esperma para el espíritu vital, hubo quienes se erigieron en defensores de la virginidad y del celibato; para los que no pudieran soportar esos estados, aconsejaban limitar al mínimo las relaciones sexuales. Se fue pasando así de una época dominada por la permisividad y las libertades casi plenas en las relaciones sexuales, a otra fase de orden y de control. Son ilustrativas las palabras del médico Areteo: «Los hombres de naturaleza más fuerte se vuelven más débiles que los más débiles con la incontinencia [sexual], y los más débiles, gracias a la templanza, llegan a ser más fuertes que los más fuertes»[117]. Afortunadamente para mu-

---

[115] Nos referimos al Panteón de Agripa, que fue objeto de una remodelación en época del emperador Adriano: L. Ziehen «Pantheon», *RE*, 3.

[116] R. P. Festugière, 1949-1954, *passim*.

[117] Areteo, *Síntomas de las enfermedades agudas*, 2, 5.

chos, otros médicos como Galeno sólo se limitaban a condenar los excesos. Esa preocupación tuvo algunas consecuencias positivas, como la de recomendar que las relaciones sexuales no se iniciaran hasta que el hombre y la mujer hubieran alcanzado la madurez, pues se habían producido antes muchas muertes prematuras de mujeres que quedaban embarazadas en su adolescencia[118]. Ahora Ateneo decía que «Nada dificulta tanto el desarrollo del alma y del cuerpo como un uso prematuro y excesivo de las relaciones sexuales»[119].

Si Séneca se había manifestado contrario a las relaciones sexuales fuera de la pareja, había defendido el matrimonio como marco de las mismas así como la reciprocidad de la fidelidad entre hombre y mujer[120], los médicos que le siguieron justificaban semejantes ideas con otros argumentos. Así, la moral estoica y los principios de los médicos coincidían con las ideas morales de los cristianos. Se entiende bien que san Jerónimo, que pudo leer el tratado perdido de Séneca *Sobre el matrimonio*, se identificara con su contenido. En ese sentido fue Séneca un precedente del cristianismo, como lo fueron otros muchos paganos.

Durante el segundo viaje de predicación de san Pablo, tuvo lugar el definitivo viraje del cristianismo primitivo. Hasta ese momento, san Pablo había orientado su predicación a la conversión de los judíos. En ese segundo viaje (años 50-53), después de recorrer algunas ciudades de Asia Menor y de pasar por Macedonia, mantuvo una corta estancia en Atenas; desde allí se dirigió a Corinto. Nada más recabar en Corinto, se hospedó en casa de Aquila y Priscila, dos judíos que habían abandonado Roma a raíz de la persecución antijudía decretada por el emperador Claudio. Para contribuir a su sustento, Pablo colaboraba con sus anfitriones en el trabajo del telar.

Corinto seguía siendo una ciudad de intensa actividad artesa-

[118] En el Digesto 25.7.1.4, se indica que les estaba permitido a los gobernadores provinciales tener concubina con tal de que fuera mayor de 12 años. Y los matrimonios con adolescentes de 14-16 años eran muy frecuentes.

[119] Ateneo, en Oribasio, *Libros inciertos*, 21.

[120] Séneca, *Cartas*, 94, 26, decía: «[Era] deshonesto el que exigía a su mujer la castidad, mientras seducía a las mujeres de los demás».

nal y mercantil, en la que se había instalado una numerosa comunidad de judíos. Tras acudir varias veces a su sinagoga, sus palabras no tuvieron el éxito esperado. Rompió con los judíos e inició abiertamente una nueva vía de predicación con la que consiguió pronto muchos seguidores; había dicho: «De ahora en adelante iré a hablar con los gentiles»[121].

Los conversos al cristianismo por la predicación de Pablo debían a veces modificar su hábitos de vida. Pablo ya había tenido problemas con ello. Así, los dueños de una esclava de la que obtenían beneficios por echar la buenaventura a los viandantes en la plaza pública, lamentaron la conversión de su esclava por Pablo; se les había terminado su fuente de ingresos. Ante tal drama, contribuyeron a organizar alborotos en su ciudad de Filipos hasta conseguir que interviniera la fuerza pública; Pablo fue acusado de ser el responsable de los hechos y fue llevado a prisión, de la que salió poco después.

En Corinto se repetía una situación semejante. Pablo, acusado de ser el instigador de tumultos entre los judíos, fue llevado ante el gobernador de la provincia de Acaya, Marco Anneo Novato, hermano de Séneca. Como era habitual, los administradores romanos no entraban en cuestiones de disputas religiosas, mientras éstas no condujeran a levantamientos sociales o supusieran un ataque abierto a la religión oficial romana. Ninguna de las dos circunstancias debían darse en Pablo que fue puesto en libertad por el gobernador[122]. Es de suponer que el hermano de Séneca, también estoico, se interesara por los contenidos de la predicación de Pablo, pero tal interés o curiosidad no conduce a pensar que comenzara a sentir simpatía por los cristianos, a los que los romanos seguían viendo como una secta judía. La familia de los Séneca, como otros muchos estoicos, no simpatizaban con los judíos. Por ello, resulta aún más inimaginable que Anneo Novato hubiera servido más tarde de intermediario para un posterior contacto entre san Pablo y Séneca. Sí hubo una coincidencia cronológica en sus vidas: más tarde, Pablo llegó a Puteoli en el año 61, estuvo en una semicautividad en Roma durante los

[121] *Hechos de los Apóstoles*, 18, 6.

[122] *Hechos de los Apóstoles*, 18, 12.

años 61-63[123], de la que fue liberado para ser más tarde de nuevo encarcelado en Roma. Pablo fue condenado a muerte dos años después que Séneca. Ignoramos si llegaron a conocerse. En la correspondencia de Séneca, no hay el más mínimo indicio para sospechar un supuesto encuentro. Ello no fue obstáculo para que circularan unas imaginarias cartas entre Séneca y san Pablo, acogidas como auténtica por san Jerónimo[124].

Séneca y la esclavitud

Es otro de los temas conflictivos de la obra y del pensamiento de Séneca. No sabemos el número, pero Séneca tenía esclavos en cada una de sus casas y villas tanto haciendo las funciones de sirvientes domésticos como trabajando en los campos dependientes de las villas. Alude a ellos en varias ocasiones; así: «He llegado a mi villa Suburbana y me he quejado de los gastos que debo pagar por un edificio en ruinas. Mi capataz [esclavo] me dice que no debo preocuparme»[125].

Más aún, los esclavos de Séneca cumplían las mismas tareas que los esclavos de otros. Incluso relata que, estando en su villa de Campania, se encontraba a veces cansado y le resultaba más cómodo que sus esclavos lo pasearan en litera mientras leía y tomaba el aire. Lo mismo que Séneca no teorizó para proponer un nuevo sistema económico, tampoco lo hizo sugiriendo un nuevo sistema social. Había nacido y vivido en un mundo donde la esclavitud era un hecho social incontestable. En su filosofía moral, no había visto contradicción entre las ideas que defendía y la realidad social de la esclavitud.

Desde su valoración del cuerpo como un simple receptáculo del alma, la que debía realmente ser protegida, tener un cuerpo sometido a la esclavitud legal le parecía un hecho secundario, pues tanto el libre como el esclavo podían aspirar a lo mismo: «Las cosas divinas son todas de igual naturaleza. La razón no es

---

[123] *Hechos de los Apóstoles*, 28, 30.
[124] Jerónimo, *Sobre los hombres ilustres*, 12.
[125] Séneca, *Cartas*, 12, 1.

más que una partícula del soplo divino encerrado en el cuerpo del hombre», sea libre o esclavo[126].

La realidad social presentaba muchos casos de dueños brutales que maltrataban a sus esclavos. Relata el de un dueño histérico: «El palo ahoga todo murmullo. Sin excepción, incluso para los ruidos involuntarios, accesos de tos, estornudos... Toda falta a la regla del silencio se expía con un castigo brutal»[127]. Y sabía también de esclavos que se suicidaban tirándose de edificios altos, o abriéndose la cabeza al golpearse voluntariamente con fuerza contra un muro o bien suicidándose de otras múltiples formas, incluso con los métodos de sus dueños de cortarse las venas.

En un nivel parecido al de los esclavos, se encontraban, para Séneca, los libres que se empeñaban en «ser esclavo de los hombres, esclavo de las cosas, esclavo de la vida, pues la vida es una esclavitud, cuando no se tiene el coraje de morir»[128]. Esclavo le resultaba a Séneca un viejo conocido, Tulio Marcelino, tocado de una enfermedad incurable, que no tenía valor para suicidarse. Marcelino necesitó el consejo de un estoico. Le quitó también su miedo a la muerte aclarándole que, ante un suicidio decidido ante testigos, sus esclavos no serían víctimas de ser considerados responsables del hecho[129].

A pesar del desinterés de Séneca por mejorar las condiciones del cuerpo, la esclavitud no le resultó nada indiferente. Sin cuestionar su existencia, hizo propuestas sobre el modo de integrar a los esclavos en la sociedad romana. Una reflexión coherente y extensa presenta en una de las cartas dirigidas a su amigo Lucilio, le dice: «Estoy satisfecho de saber por los que vienen enviados por ti, que vives en familia con tus esclavos, conducta digna de una persona erudita como tú eres. "Son esclavos." No, son hombres. "Son esclavos." No, son compañeros. "Son esclavos." No, son amigos humildes. "Pero son esclavos." Esclavos como nosotros, si piensas que la fortuna ejerce sus derechos sobre ellos

[126] Séneca, *Cartas*, 66, 12: toda la carta está destinada a justificar la indiferencia de tener un cuerpo bello o feo, libre o esclavo, ante el valor del espíritu.

[127] Séneca, *Cartas*, 47, 3.

[128] Séneca, *Cartas*, 77, 14.

[129] Séneca, *Cartas*, 77, 4-9.

como sobre nosotros»[130]. Séneca sienta así, tras un fingido diálogo con otro, sus ideas básicas sobre la esclavitud.

Desde esas bases, Séneca sigue justificando la necesidad de tratar a los esclavos del mismo modo que cualquier hombre libre podía desear ser tratado por un superior. Y doblemente, cuando advierte que son esclavos por decisión de la fortuna, que puede, en cualquier momento, cambiar las condiciones. Recuerda un caso: «A la puerta de Calisto [antiguo esclavo], he visto esperar de pie a su antiguo dueño»[131].

Para Séneca, «ese que llamas tu esclavo, ha nacido de la misma semilla que tú; disfruta del mismo cielo, respira el mismo aire, vive y muere como tú»[132]. No existe, pues, ninguna diferencia de espíritu entre un hombre libre y un esclavo. La dependencia, que sólo afecta al cuerpo, es un simple resultado del giro de la fortuna. Así, Séneca, de modo aún más claro que otros estoicos, se alejaba de las viejas distinciones que había hecho Aristóteles para justificar la esclavitud, entre «esclavos por naturaleza», que eran todos los bárbaros, y «esclavos por convención» que no tenían origen bárbaro. Según Séneca, no había almas ni cuerpos nacidos para ser esclavos de otros, sino sólo seres humanos que, por los giros de la fortuna, se veían obligados a servir a otros.

La consecuencia del pensamiento de Séneca era coherente. Propone que el dueño sea como un padre de familia con sus esclavos, que los esclavos sean considerados personal de la familia[133]. Más aún, los esclavos debían sentarse a comer los mismos manjares y en la misma mesa que el dueño; dice: «Por tanto, me da risa el comprobar cómo esas gentes consideran un escándalo comer con un esclavo [...]. ¿Voy a situar a todos mis esclavos a mi mesa? No más que a todos los hombres libres [...]. Te equivocas si lo excluyo por su empleo, a uno por ser mulero, a otro por ser boyero. No los juzgaré por su empleo sino por su moralidad. De su moralidad, cada uno es el artífice. De los empleos dispone la fortuna [...]. Es esclavo, pero tal vez es un alma libre»[134].

---

130 Séneca, *Cartas*, 47, 1.

131 Séneca, *Cartas*, 47, 8-13.

132 Séneca, *Cartas*, 47, 10.

133 Séneca, *Cartas*, 47, 14.

134 Séneca, *Cartas*, 47, 2 y 47, 16.

Y nos consta que no eran simples palabras de Séneca; entre otros ejemplos, baste recordar que su acompañante habitual para hacer sus ejercicios físicos cotidianos era uno de sus esclavos. La autoridad del dueño sobre sus esclavos debía basarse en el respeto, nunca en el miedo. Claro que hubo esclavos bien tratados que resultaron ingratos a sus dueños[135], pero también había hombres libres que no correspondían a los favores hechos. Las excepciones o los errores de otros no debían cambiar las decisiones bien tomadas. El pensamiento de Séneca sobre la esclavitud fue también semejante al que mantuvo más tarde la Iglesia.

El mundo pensado de Séneca incluía también propuestas sobre las mujeres. Los modelos de su madre, de Marcia, de su tía o de su propia mujer Paulina fueron siempre para él referencias a contrastar con los modelos de Mesalina, de Agripina o de otras mujeres que competían con los hombres en los vicios y en la lucha por el dominio y el control sobre la familia. También en este otro campo, la sociedad posterior se adaptó cada día más a lo que habían sido sus modelos.

---

[135] Séneca, *Cartas*, 107.

Epílogo

Séneca y la posteridad

Séneca es uno de los pocos autores antiguos que ha contado siempre con lectores y admiradores, aunque no han faltado los que han aceptado sin crítica las versiones negativas que dejaron sobre él algunos de sus enemigos. Bajo el aval de personalidades como las de Tertuliano, san Agustín o san Jerónimo, que resaltaron las virtudes del pensamiento de Séneca, considerado como un precedente del pensamiento cristiano, y al amparo de la falsa correspondencia entre Séneca y san Pablo, otros hombres ilustres de la Edad Media (Martín de Braga, Abelardo y Godofredo de San Víctor, entre otros) se servían de pasajes de las obras de Séneca para estimular a los cristianos hacia una vida virtuosa. Séneca siguió encontrando admiradores durante el Renacimiento en figuras tan destacadas como Petrarca y Bocaccio. Incluso algunos propulsores de la Reforma, como Calvino, hallaban en la obras de Séneca referencias morales para apoyar sus doctrinas sobre la necesaria renovación del cristianismo.

Desde el Renacimiento, con el descubrimiento y difusión de obras muy diversas de los autores antiguos, se tuvo la oportunidad de leer pasajes de los mismos con alusiones negativas a la personalidad de Séneca. No hubo entonces una crítica minuciosa sobre tales versiones; simplemente, se rechazaron. Así Montaigne se limita a decir que no cree el testimonio injurioso de Dión Casio y a sostener que Séneca debía seguir siendo valorado como ejemplo claro y firme de las mejores virtudes. Diderot, aunque con algunas imprecisiones históricas, escribió una de las biografías más elogiosas de Séneca, sobre el que llega a decir que escribió, vivió y murió como un sabio, al que la humanidad sigue echando en falta.

El estudio de Blüher sobre la recepción de Séneca en España ha contribuido a despejar muchos tópicos. Como advierte Blüher, hubo un largo silencio sobre Séneca en España hasta el siglo XIII y, desde entonces hasta la época del Barroco, no hubo una percepción particularmente hispana de Séneca: como hacía el resto de Europa, se recordaban, sobre todo, los rasgos de su filosofía moral y su cercanía a las ideas cristianas.

Se comprende bien la presencia de Séneca en Quevedo, cuando sabemos que varias obras de Séneca formaban parte de los fondos básicos de las bibliotecas universitarias desde el Renacimiento. Y no sólo en España. Viveros ha resaltado cómo la Compañía de Jesús, casi desde los inicios de su asentamiento en Nueva España en el año 1572, fundó el Colegio Máximo de San Pedro y San Pablo dotándole de una selección de obras de autores griegos y latinos que debían servir de base para la formación de sus alumnos; entre esos fondos bibliográficos, se encontraban varias obras de Séneca. Los jesuitas no habían hecho más que llevar a Nueva España planes de estudio semejantes a los de las universidades de Salamanca y de Alcalá de Henares.

Entre las múltiples sugerencias del estudio de Zambrano sobre el «pensamiento vivo de Séneca», resalta su idea de que Séneca tiene la virtud de haber sido un mediador entre la vida y el pensamiento, entre el pensamiento teórico de los griegos y el más práctico de los romanos, entre las condiciones de vida de las elites y la vida de los humildes e incluso menesterosos. Acordes con Zambrano, añadiríamos que, en ese Séneca mediador y a veces ambiguo, se encuentran los rasgos que han permitido un uso o una instrumentación del contenido de sus obras para justificar presentes históricos diversos y posteriores a él. Así, creemos que resulta desmedido el decir que Séneca, en palabras de Ganivet, «es español por esencia», pues no debe olvidarse que fue, ante todo, un provincial que asumió y defendió los viejos valores de la tradición romana republicana así como una visión personal del estoicismo. Las analogías que puedan descubrirse entre el pensamiento español y el pensamiento de Séneca derivan, en su mayor parte, de la profunda cristianización de ese pensamiento español. En todo caso, ese imaginario colectivo de los españoles, que podría servir para una reconstrucción artificial y forzada de un pensamiento español, está muy lejos de ser plenamente español y, mucho menos, en el momento actual.

El prestigio de Séneca en su época no se derivó sólo de los contenidos de su filosofía moral y de sus ideas políticas. También fue admirado por sus conocimientos retóricos, por sus tragedias versificadas, por su saber sobre el pasado romano y sobre la cultura de otros pueblos y no menos por sus estudios sobre los fenómenos naturales. Pero la posteridad hizo una valoración muy selectiva de Séneca. Así, la ingente obra de Plinio, su *Historia natural*, contribuyó a dejar en el olvido al Séneca naturalista; el conocimiento de los grandes trágicos griegos obnubiló la originalidad de las tragedias de Séneca y los historiadores antiguos se han empleado con más frecuencia como fuentes de documentación del pasado que las referencias de Séneca al mismo. Ahora, los autores modernos, más alejados de los simples compromisos morales, entienden también mejor que la literatura romana no fue un simple calco de la griega y que el saber enciclopédico de Plinio no encierra todo el conocimiento de los antiguos sobre la naturaleza; se ve así, con nueva luz, que Séneca no fue sólo un pensador de filosofía moral, sino un hombre de cultura, interesado por otras ramas del saber.

Por más avances tecnológicos que logre el hombre moderno, siempre tendrá que dar respuestas a las preguntas y preocupaciones vitales de su existencia. En ese campo de búsquedas sobre el sentido de la vida, sobre el valor de las relaciones interpersonales, sobre la actitud ante el poder, sobre la reacción ante las adversidades y sobre la orientación individual o colectiva de los hombres, Séneca seguirá siendo uno de los autores antiguos que se mantendrá siempre actual.

Apéndice I

Cronología de Séneca y su época

Se resaltan los hechos culturales, los datos biográficos de Séneca y de su familia así como los nombres de los emperadores.

59-53 a.C.	I Triunvirato. Nacimiento de Lucio Anneo Séneca, padre de Séneca. Muerte de Lucrecio, *De rerum natura* (55).
52-49 a.C.	Crisis política entre César y Pompeyo. Muerte de Posidonio de Apamea (51).
49-44 a.C.	Guerra civil entre pompeyanos y cesarianos. Dictadura de César. Cicerón: *De natura deorum. De officiis.*
44-30 a.C.	Asesinato de César (44). Creación del II Triunvirato. Proscripciones (43). Muerte de Cicerón. Virgilio: *Geórgicas* (37-30).
30-28 a.C.	Anexión de Egipto (30). Horacio: *Epodos* (30). Virgilio: *Eneida* (30-19). Octavio nombrado *Princeps* (28).
27-25 a.C.	Octavio recibe el título de *Augustus* (27). Provincias imperiales y senatoriales. Livio: comienza a escribir la *Historia de Roma* (25). Creación del prefecto de Roma (26). Augusto en Hispania (26). Anexión de Numidia (25). Vitruvio: *De architectura.*
23-19 a.C.	Augusto con *imperium maius* (23) y con la *cura annonae* (22). Horacio: momento cumbre de su obra. *Vigiles* para Roma (21). Fin de guerras contra cántabros y astures (19).
18-14 a.C.	Agripa recibe la potestad tribunicia; se casa con Julia, la hija de Augusto (18). Oráculos sibilinos en el templo de Apolo en el Palatino (18). Prefectos de alimentos para Roma (18). Control de Alpes Marítimos (14).
13-2 a.C.	Augusto Pontífice Máximo (12). Campañas en Germania; muerte de Druso en Germania (9). Consagración del *Ara Pacis* en Roma (9). Nórico y Retia, provincias. Muerte de Mecenas y de Horacio. Retiro de Tiberio a Rodas (6). Augusto, Padre de la Patria (2). Consagración del templo de *Mars Ultor*. Matrimonio de Lucio Anneo Séneca, padre, con Helvia; nacen los dos hijos mayores: Luciano Anneo Novato (4) y Lucio Anneo Séneca (3).
1-3 d.C.	Nace el hermano menor, Marco Anneo Mela (1). La familia de Séneca se desplaza a Roma.

6-13 d.C. Creación del erario militar (6). Judea, provincia (6). Panonia, provincia (10). Estrabón: *Geografía*. Ovidio: *Pónticas* (12-18).

14-37 d.C. Muerte de Augusto (14). Tiberio, emperador (14-37). Sejano, nombrado prefecto del pretorio (15). Revuelta de las legiones de Germania (14-17); triunfo de Germánico. Mesia, provincia (15). Capadocia, provincia (17). Muerte de Tito Livio (17) y de Ovidio (17-18). Muerte de Germánico (19). Expulsión de Roma de los actores. Viaje de Séneca a Egipto (*circa* 25-31). Tiberio se retira a Capri (27). Muerte de Tiberio (37).

37-41 d.C. Séneca, emperador. Asesinato de Ptolomeo, hijo de Juba II y anexión de Mauritania (40). Intento de divinización de Drusila (38). Muere el padre de Séneca (39), nace el hijo de Séneca (39) y muere o es repudiada la mujer de Séneca. Culto de Isis permitido en Roma (40). Asesinato de Calígula (41).

41-54 d.C. Claudio, emperador (41-54). Condena de Séneca al destierro de Córcega (41). Mauritania, dividida en dos provincias (42). Licia, provincia (43). Inicio de la conquista de Britania (43). Tracia, provincia (46). Claudio se casa con Agripina. (48). Séneca vuelve del destierro y se casa con Paulina (49). Adopción de Nerón (50). Muerte de Claudio (54).

54-68 d.C. Nerón, emperador (54-68). Campañas de Corbulón en Armenia (58-63). Asesinato de Agripina (59). Muerte de Burro y de Octavia, esposa de Nerón (62). Reforma monetaria (64). Incendio de Roma (64) y cristianos. Se desvela la conjura de Pisón: condena a muerte de Séneca, de su sobrino Lucano y de otros conjurados (65). Condena de filósofos Trásea y Barea (66).

68-69 d.C. Crisis política. Emperadores: Galba, Otón y Vitelio. Muerte de Nerón. Continúa la Guerra Judaica.

69-79 d.C. Vespasiano, emperador. Plinio: *Naturalis historia*.

80-138 d.C. Emprendedores: Tito (79-81). Domiciano (81-96). Nerva (96-98). Trajano (98-117). Adriano (117-138). Plutarco (*circa* 46-120): *Vidas paralelas. Escritos morales*. Quntiliano (*circa* 35-95): *Instituciones oratorias*. Marcial (*circa* 80-102): *Epigramas*. Juvenal. *Sátiras* (100-128). Tácito: *Historias* (96 y ss.). *Anales* (116). Suetonio: *Vidas de los Césares* (119).

Apéndice II
Cronología de las obras de Séneca

La datación de las obras de Séneca ha planteado muchos problemas a los investigadores. Sigue habiendo dudas sobre la fecha en que escribió y dio a conocer varias de sus obras. Los criterios para datarlas han sido diversos, pero siempre los más sólidos fueron aquellos que se basan en referencias internas de las obras a acontecimientos bien conocidos por otras fuentes de información: alusiones a emperadores, a personajes públicos, a hechos bien documentados del Imperio, a situaciones vitales de los personajes mencionados, a datos de la propia vida de Séneca... y, en ocasiones, al carácter del contenido de cada obra. Toda revisión sistemática, como la hecha por Griffin (1976) sobre los más importantes estudios anteriores que ofrecen aportaciones para la datación de partes de la obra de Séneca (E. Albertini, 1923; F. Giancotti, 1957; L. Hermann, 1960; K. Abel, 1967; F. Préchac, 1967...), o bien la parcial de P. Grimal, 1979, dejan algunas dudas, que han permitido a autores posteriores presentar nuevas sugerencias o bien sumarse a una u otra de las opiniones más sólidamente argumentadas. Los problemas para datar las *Tragedias* de Séneca resultan aún más difíciles de resolver (F. Giancotti, 1953a; I. Muñoz, 1967; J. Luque, 1987...).

Ante ese estado de la investigación, presentamos las obras de Séneca en el orden cronológico que parece mejor justificado, pues una nueva discusión sobre la datación de cada obra debería ser objeto de una nueva y extensa monografía.

Debe advertirse que, aunque varios títulos de la bibliografía hablen de *Diálogos*, Séneca no escribió ninguna obra con ese título. El nombre *Diálogos* es un genérico bajo el que los editores posteriores, al amparo del códice Ambrosiano, han publicado un conjunto de sus obras. Se entiende que el compilador de tal manuscrito pusiera ese nombre genérico para englobar a las obras que presentan una forma literaria de diálogo: Séneca responde a la supuesta pregunta de un interlocutor. Todos los autores modernos recuerdan que ya Quintiliano había dicho que Séneca había escrito «discursos, cartas, poemas y diálogos (X,1.129)». Nosotros nos referimos a sus obras prescindiendo del nombre genérico, lo mismo que indicamos el título de cada una de sus *Tragedias*. Para facilitar la comprensión de referencias a las mismas que se hacen en otros estudios, ofrecemos, entre paréntesis, la abreviatura usual de cada obra; nosotros hemos preferido ofrecer en las notas el título completo traducido al castellano.

OBRAS PERDIDAS

Se conocen sólo por referencias de otros autores antiguos. El contenido de las escritas durante su estancia en Egipto fue utilizado para la redacción de sus *Naturales quaestiones*, hecho que puede ser una de las razones de su pérdida. Se consideran obras suyas perdidas las siguientes:
—*De situ Indiae* (Sobre el lugar de la India).
—*De situ et sacris Aegyptiorum* (Sobre el lugar y los rituales religiosos de los egipcios).
—*De Nilo* (Sobre el Nilo).
—*De lapidarum natura* (Sobre la naturaleza de las piedras).
—*De piscium natura* (Sobre la naturaleza de los peces).
—*Carmina* (Poemas).
—*De matrimonio* (Sobre el matrimonio).
—*De vita patris* (Sobre la vida de mi padre).
—*De motu terrarum* (Sobre los terremotos).

OBRAS CONSERVADAS

1. *Consolatio ad Marciam* (*Ad Marc.*) (Consolación a Marcia):
   Fecha: algo después del acceso al trono de Calígula.
   Variantes: para Griffin, probablemente en el 39; para Abel, sólo es seguro que la escribió entre el 37-41.
2. *Consolatio ad Polybium* (*Ad Polyb.*) (Consolación a Polibio):
   Fecha: posterior al destierro de Séneca en Córcega y anterior al triunfo de Claudio sobre Britania, celebrado en el 44.
3. *Consolatio ad Helviam* (*Ad Helv.*) (Consolación a Helvia):
   Fecha: durante el destierro de Séneca en Córcega.
   Variantes: Abel concreta en el año 42.
4. *De ira* (*De ira*) (Sobre la cólera):
   Fecha: se debaten dos fechas (antes del destierro de Séneca en el año 41 o bien tras su vuelta a Roma en el año 52).
   Variantes: la obra está dirigida a Novato, hermano de Séneca, que cambió de nombre tras su adopción por Junio Galión, pero hay dudas sobre las fechas precisas de la biografía de éste último y, de ahí, las variantes atendiendo al momento posible de la adopción de Novato y de su cambio de nombre tras su adopción.
5. *De brevitate vitae* (*De brev. vit.*) (Sobre la brevedad de la vida):
   Fecha: el año 48 o bien el año 55.
   Variantes: basadas en la mención de personajes que ocuparon cargos públicos. Parece muy alejada la fecha del año 62, defendida por Giancotti.

6. *De constantia sapientis* (*De const. sap.*) (Sobre la constancia del sabio):
   Fecha: posterior al año 47 y anterior al año 62.
7. *De tranquilitate animi* (*De tranq. an.*) (Sobre la tranquilidad del alma):
   Fecha: posterior al *De constantia sapientis* y anterior al año 62.
8. *De otio* (*De ot.*) (Sobre el ocio):
   Fecha: posterior al *De constantia sapientis* y anterior al año 62.
9. *Apocolocintosis* (*Apocol.*) (Apocolocintosis):
   Fecha: noviembre-diciembre del año 54.
10. *De clementia* (*De clem.*) (Sobre la clemencia):
    Fecha: fines del año 55 y comienzos del 56.
11. *De vita beata* (*De vit. b.*) (Sobre la vida feliz):
    Fecha: posterior al *De ira*, pues su hermano Novato es llamado aquí Galión, y anterior al año 62.
12. *De beneficiis* (*Benef.*) (Sobre los beneficios):
    Fecha: posterior al año 56 y anterior al año 62.
13. *Naturales quaestiones* (*N.Q.*) (Cuestiones naturales):
    Fecha: entre los años 62 y 64.
14. *Epistulae morales* (*Ep.*) (Cartas morales o Cartas a Lucilio):
    Fecha: entre otoño-invierno del año 63 y otoño-invierno del año 64.
15. *De providentia* (*De prov.*) (Sobre la providencia):
    Fecha: posterior a la muerte de Tiberio, pero sin pruebas sólidas para fecharla con más precisión entre el año 37 y el de la muerte de Séneca.

TRAGEDIAS

16. *Hercules furens* (*Herc. f.*) (Hércules furioso).
17. *Troades* (*Tro.*) (Troyanas).
18. *Phoenissae* (*Phoen.*) (Fenicias).
19. *Medea* (*Med.*) (Medea).
20. *Phaedra* (*Phaedr.*) (Fedra).
21. *Oedipus* (*Oed.*) (Edipo).
22. *Agamenno* (*Ag.*) (Agamenón).
23. *Thyestes* (*Thy.*) (Tiestes).
24. *Hercules Oetaeus* (*Herc. Oet.*) (Hércules Eteo).
    Tragedia atribuida a Séneca:
25. *Octavia* (*Oct.*) (Octavia).
    Fecha: «las tragedias pueden pertenecer a cualquier época de la carrera literaria de Séneca», sostiene Luque después de revisar todas las propuestas que se han ofrecido para datar cada una de ellas. Aceptando la prudencia de tal tesis se está indicando que las justificaciones de los diversos autores para fecharlas (para unos, en la primera época de Séneca; para otros, durante los años del destierro en Córcega; para otros, durante el

periodo como preceptor de Nerón; o bien, opiniones tendentes a situar unas en su fase literaria inicial, otras en la media y un tercer grupo en los años finales del autor), no son plenamente convincentes. La razón fundamental para una datación tan extensa reside en que los textos de las tragedias no presentan ninguna referencia clara a hechos concretos de su época; por lo mismo, los argumentos empleados por quienes proponen dataciones más precisas, basados en el cambio de estilo, en el predominio del *pathos* o del afecto u otros similares, no dejan de ser poco sólidos y cargados de subjetividad. Basándonos en ese tipo de argumentos, nosotros nos sumaríamos a la tesis que defiende la datación de una parte de las tragedias durante el periodo del destierro en Córcega, y una atribución de tres tragedias (*Fedra*, *Medea* y *Edipo*) a los años del retiro de Séneca (62-64), pero proablemente también sigamos siendo subjetivos.

Bibliografía

A. Ediciones de las obras de Séneca:

a) Las ediciones críticas de uso más común, sin texto bilingüe, son:

—Seneca, *Opera quae supersunt*, Leipzig, Teubner, 1905 y ss.
—Seneca, *Ad Lucilium epistulae. Moral Essays. Naturales quaestiones*, Cambridge Mass.-Londres, 1918 ss.
—Seneca, *Ad Lucilium epistulae. Dialogorum libri*, Oxford, Biblioth. Classica, 1965 y ss.

b) Con traducción a idiomas modernos, hay partes de la obra de Séneca en todos los idiomas del Occidente. El valor de cada una es desigual. Se encuentran sólo traducciones o bien traducciones con comentarios (así, la Colección Clásica de Ed. Gredos); otras incorporan el texto original con el correspondiente aparato crítico, además de la traducción:

—Sénèque, *Oeuvres completes*, París, Belles Lettres, 1922-1964.
—Seneca, *Ad Lucilium epistulae. Moral Essays. Naturales quaestiones*, Cambridge Mass.-Londres, Loeb, 1918 y ss.
—«Colección Hispánica de autores griegos y latinos», sin completar, pero con una excelente edición de las *Naturales quaestiones* (texto, traducción y notas de C. Codoñer).
—«Bibliotheca Scriptorum Graecorum et Romanorum Mexicana», Universidad Autónoma de México (introd. y trad. según J. M. Gallegos), con parte de la obra (*Tratados morales. Consolaciones. Cartas morales*), 1944-1953; *Tragedias* (texto y traducción de Germán Viveros), 1998.
—L. A. Sèneca, *Qüestions naturals*, I-III, Barcelona, Fundaciò Bernat Metge, 1956, 1957, 1959.
—Ediciones de obras aisladas de Séneca hay varias; baste citar *Las Troyanas* (texto, traducción y notas de B. Segura), Córdoba, 1993; *Fedra*, (texto, trad. y notas de B. Segura), Sevilla, 1994.

B. Estudios sobre la vida y obras de Séneca:

En muchas de las traducciones, se incorporan comentarios sobre aspectos de la vida de Séneca o de su contexto histórico. Por lo mismo, se incorporan aquí con la referencia primera del autor moderno.

—AA.VV., 1991, *Sénèque et la prose latine*, Ginebra.
—Abel, K., 1967, *Bauformen in Senecas Dialogen*, Heidelberg.

—Abel, K., 1985, «Seneca. Leben und Leistung», *ANRW*, II, 32.2, pp. 653-775.
—Adam, T., 1970, *Clementia Principis*, Stuttgart.
—Albertini, E., 1923, *La composition dans les ouvrages philosophiques de Sénèque*, París.
—Alexander, W. H., 1946, «Cato of Utica in the Works of Seneca Philosophus», *Trans. Royal Soc. of Canada*, 37, sec. 2, pp. 59 y ss.
—Atkinson, J. E., 1985, «Seneca's Consolatio ad Polybium», *ANRW*, II, 32.2, pp. 860-884.
—Astrana, L., 1947, *Vida genial y trágica de Séneca*, Madrid.
—Bickel, E., 1915, *Diatribe in Senecae philosophi fragmenta. I: Fragmenta de matrimonio*, Leipzig.
—Birts, T., 1911, «Seneca», *Preus. Jahrb.*, 144, pp. 282 y ss.
—Blüher, K. A., 1983, *Séneca en España*, Madrid, Gredos.
—Bonner, S.F., 1949, *Roman Declamation*, Liverpool.
—Bornecque, H., 1967, *Les déclamations et les déclamateurs d'aprés Sénèque le père*, Hildesheim (reimp. de Lille, 1902).
—Bourgery, A., 1922, *Sénèque prosateur*, París.
—Boyle, A.J., 1985, «In Nature's Bonds: a Study of Seneca's *Phaedra*», *ANRW*, II, 32.2, pp. 1.284-1.347.
—Bringmann, K., 1985, «Seneca *Apocolocyntosis*: ein Forschungsbericht, 1959-1982», *ANRW*, II, 32.2, pp. 885-914.
—Büchner, K., 1970, «Aufbau und Sinn von Senecas Schrift über die Clementia», *Hermes*, 98, pp. 203 ss.
—Busa, R., Zampoli, A., 1975, *Concordantiae senecanae*, Hildesheim-N. York.
—Cantarelli, L., 1927, «Per l'amministrazione e la storia dell'Egitto romano. II: Il viaggio di Seneca in Egitto», *Aegyptus*, 8, pp. 89 y ss.
—Ciaffi, V., 1937, «Intorno all'autore dell'Octavia», *Riv. Filol. e Istruz. Classica*, 15, pp. 246 y ss.
—Clarke, G. W., 1965, «Seneca the Younger under Caligula», *Latomus*, 24, pp. 62 y ss.
—Codoñer, C., 1984, *L. Anneo Séneca. Diálogos*, Madrid (introducción, traducción y comentarios).
—Codoñer, C., 1979, *Séneca, Naturales quaestiones*, I-II (Texto bilingüe revisado y traducido), Madrid.
—Coffey, M., 1961, «Seneca, Apokolokyntosis 1922-1958», *Lustrum*, 6, pp. 239 y ss.
—Cortés, R., 1986, *Teoría de la sátira. Análisis de la Apocolocintosis de Séneca*, Cáceres.
—Chaumartin, F.-R., 1989, «Quarante ans de recherches sur les oeuvres philosophiques de Sénèque (Bibliographie, 1945-1985)», *ANRW*, II, 36.3, pp. 1.545-1.605.
—Dahlmann, H., 1949, *Ueber die Kürze des Lebens*, Munich.
—Delatte, L., 1935, «Lucilius, l'ami de Sénèque» *Etudes Classiques*, 4, pp. 367 y ss.; pp. 546 y ss.

—Dingel, J., 1985, «Senecas Tragödien: Vorbilder und poetische Aspekte», *ANRW*, II, 32.2, pp. 1.052-1.099.
—Dolç, M., 1968, «Séneca a través de Tácito», *EC*, 12, pp. 463-495.
—Düll, R., 1976, «Seneca iurisconsultus», *ANRW*, II, 15, pp. 364-380.
—Edwards, W.A., 1928, *The Suasoriae of the Elder Seneca*, Cambridge.
—Elorduy, E., 1965, *Séneca: vida y escritos*, Burgos.
—Faider, P., Favez, Ch., 1950, *Sénèque. De la Clémence. II: Commentaire*, Univ. Gand.
—Fairweather, J., 1984, «The Elder Seneca and Declamation», *ANRW*, II, 32.1, pp. 514-556.
—Favez, Ch., 1918, *Consolatio ad Helviam* (texto, comentario), Lausana.
—Favez, Ch., 1928, *Consolatio ad Marciam*, París.
—Favez, Ch., 1938, «Les opinions de Sénèque sur la femme», *Rev. Et. Lat.*, 1, pp. 335-345.
—Fillion-Lahille, J., 1989, «La production littéraire de Sénèque sous les régnes de Caligula et de Claude. Sens philosophique et porté politique. Les *Consolationes* et le *De ira*», *ANRW*, II, 36.3, pp. 1.608-1.638.
—Fontán, A., 1950, «*De Providentia* y la cronología de las últimas obras de Séneca», *Emerita*, 18, pp. 367-376.
—Fontán, A., 1958, «Sobre Séneca, *De tranquilitate animi* y *De brevitate vitae*», *Emerita*, 18, pp. 186-192.
—Fontán A., 1966, «Séneca, un intelectual en la política», *Atlántida*, 4, pp. 142-174.
—Gercke, A., 1896, *Seneca-Studien*, en «Fleck. Jahrb. f. Class. Philol.», Suppl. 22, pp. 1-334.
—Giancotti, F., 1953a, *Saggio sulle tragedie di Seneca*, Città di Castello.
—Giancotti, F., 1953, «Il posto della biografia nella problematica senechiana. I: Dall'esilio al *Ludus de morte Claudii*», *RAL*, pp. 52 ss.; «II: Da quando e in che senso Seneca fu maestro di Nerone?», *RAL*, pp. 102 y ss.; «III: Seneca antagonista d'Agrippina», *RAL*, pp. 238.
—Giancotti, F., 1954, «IV. 1: Sfondo storico e data dal De Clementia», *RAL*, pp. 329 ss.; «IV. 2-4: Il *De Clementia*», *RAL*, pp. 587 y ss.
—Giancotti, F, 1954a, *L'Octavia attribuita a Seneca*, Turín.
—Giancotti, F., 1955, «IV. 5: Struttura del *De Clementia*, *RAL*, pp. 36 y ss.
—Giancotti, F., 1956, «Sopra il ritiro e la richezza di Seneca», *RAL*, pp. 105 y ss.
—Giancotti, F., 1957, *Cronologia dei Dialoghi di Seneca*, Turín.
—Gil, J., 1971, *Séneca. Apocolocintosis* (introducción, texto y comentarios).
—Griffin, M.T., 1972, «The Elder Seneca and Spain», *JRS*, 62, pp. 1 y ss.
—Griffin, M.T., 1976, *Seneca. A Philosopher in Politics*, Oxford.
—Grimal, P., 1953, *Sénèque, De constantia sapientis*, París.
—Grimal, P., 1966, *Sénèque: sa vie, son oeuvre*, París.
—Grimal, P., 1966a, *L. Annaei Senecae De brevitate vitae*, París.
—Grimal, P., 1979, *Sénèque ou la conscience de l'Empire*, París.

—Grimal, P., 1989, «Sénèque et le stoicisme romain», *ANRW*, II, 36.3, pp. 1.962-1.992.
—Grollios, C.C., 1956, *Seneca's ad Marciam. Tradition und originality*, Atenas.
—Guillemin, A.-M., 1952, 1953, 1954, «Sénèque directeur d'âmes», *REL*, 30, 1952, pp. 202 y ss.; 31, 1953, pp. 215 y ss.; 32, 1954, pp. 250 y ss.
—Hambüchen, B., 1966, *Die Datierung von Senecas Schrift Ad Paulinum, «De brevitate vitae»*, Colonia.
—Hermann, L., 1929, «La date de la Consolation à Marcia», *REA*, pp. 21-28.
—Hermann, L., 1960, «Le De clementia de Sénèque et quelques faits historiques», *St. Clas.*, 2, pp. 243-246.
—Hiltbrunner, O., 1985, «Seneca al Tragödiendichter in der Forschung von 1965 bis 1975», *ANRW*, II, 32.2, pp. 969-1.051.
—Jal, P., 1957, «Images d'Auguste chez Sénèque», *REL*, 35, pp. 242 y ss.
—Kassel, R., *Untersuchungen zur griechischen und römischen Konsolationsliteratur*, Munich, 1958.
—Lana, I., 1955, *Lucio Anneo Seneca*, Turín.
—Lana, I., 1988, *Analisi delle «Lettere a Lucilio» di Seneca*. Roma.
—Lefèvre, E., 1985, «Die politische Bedeutung der römischen Tragödie und Senecas *Oedipus*», *ANRW*, II, 32.2, pp. 1.242-1.263.
—Lefèvre, E., 1985a, «Die philosophische Bedeutung der Seneca-Tragödie am Beispiel des *Thyestes*», *ANRW*, II, 32.2, pp. 1.263-1.283.
—León, P., 1982, *Séneca el Viejo. Vida y obra*, Sevilla.
—León, M.ª I., 1997, *Séneca (h. 4 a.C.-65 d.C.)*, Madrid, Orto, 1997.
—Lillo, F., 1994, «Bibliografía de la consolación latina no cristiana», *Tempus*, 8, pp. 49-64.
—López Kindler, A., 1966, *Función y estructura de la sentencia en la prosa de Séneca*, Pamplona.
—Luque, J., 1987, *Séneca. Tragedias*, vols. I-II, Madrid (introducción, traducción y comentario).
—MacGregor, A. P., 1985, «The Manuscripts of Seneca's Tragedies: A Handlist», *ANRW*, II, 32.2, pp. 1.134-1.241.
—Marchesi, C., 1944, *Seneca*, Milán.
—Mariné, J., 1996, *Séneca. Diálogos (Consolaciones a Marcia, a su madre y a Polibio). Apocolocintosis* (introducción, traducción y notas), Madrid.
—Maurach, G., 1970, *Der Bau von Senecas Epistulae Morales*, Heidelberg.
—Meinel, P., 1972, *Seneca über seine Verbannung. Trostschrift an die Mutter Helvia*, Bonn.
—Mortureux, B., 1973, *Recherches sur le «De Clementia» de Sénèque*, Bruselas, «Colecc. Latomus», n.º 128.
—Motto, A. L., 1966, «Seneca on trial: the case of the opulent stoic», *Class. Journal*, 61, pp. 254 ss.
—Muñoz, I., 1967, «Cronología de las tragedias de Séneca», *Rev. Humanidades*, 19, pp. 316 y ss.

—Pociña, A., 1976, «Finalidad político-didáctica de las tragedias de Séneca», *Emerita*, 44, pp. 281-301.
—Préchac, F., 1934, «La date de naissance de Sénèque», *REL*, 12, 1934, pp. 360 y ss.
—Préchac, F., 1957-64, *Sénèque, Lettres à Lucilius*, vols. I-V, París.
—Préchac, F., 1967, *Sénèque. De la clémence*, París (3.ª ed.).
—Reynolds, L. D., 1985, *L. Annaei Senecae Dialogorum libri duodecim*, Oxford (3.ª ed.)
—Roca, I., 1986-1989, *Epístolas morales a Lucilio*, I-II, Madrid, Gredos.
—Rodríguez Fernández, P., 1976, *Séneca enfermo*, Mieres del Camino.
—Roncali, R., 1989, *L'apoteosi negata. Apocolocyntosis*, Venecia.
—Rozelaar, M., 1985, «Neue Studien zur Tragödie *Hercules Oeteus*», *ANRW*, II, 32.2, pp. 1.348-1.419.
—Russo, C., 1964, *Divi Claudii Apokolokyntosis*, Florencia.
—Schmidt, P. L., 1985, «Die poetisierung und Mythisierung der Geschichte in der Tragödie *Octavia*», *ANRW*, II, 32.2, pp. 1.421-1.453.
—Seidensticker, B., Armstrong, D., 1985, «Seneca tragicus, 1878-1978 (mit add. 1979 ss.)», *ANRW*, II, 32.2, pp. 916-968.
—Setaioli, A., 1985, «Seneca e lo stile», *ANRW*, II, 32.2, pp. 776-858.
—Sörensen, W., *Seneca. The humanist at the Court of Nero*, Edimburgo.
—Stella Maranca, F., 1923, «L. Anneo Seneca nel *consilium Principis*», *RAL*, 32, pp. 282 y ss.
—Stewart, Z., 1953, «Sejanus, Gaetulicus and Seneca», *AJPh.*, 74, pp. 70-85.
—Stückelberger, A., 1965, *Senecas 88. Brief. Ueber Wert und Unwert der freien Künste* (texto, traducción y comentario), Heidelberg.
—Sussman, L. A., 1985, «The Elder Seneca and Declamation since 1900: a Bibliography», *ANRW*, II, 32.1, pp. 557-577.
—Tadic-Gilloteaux, N., 1963, «Sénèque face au suicide», *AC*, 32, pp. 541 y ss.
—Tanner, R. G., 1985, «Stoic Philosophy and Roman Tradition in Senecan Tragedy», *ANRW*, II, 32.2, pp. 1.100-1.133.
—Traglia, A., 1965, *Lucio Anneo Seneca. La Consolazione a Marcia*, Roma.
—Traina, E. (ed.), 1976, *Seneca. Letture critiche*, Milán.
—Traina, E., 1978, *Lo stile drammatico del filosofo Seneca*, Bolonia.
—Trillitzsch, W., 1971, *Seneca im literarischen Urteil der Antike*, vols. I-II, Amsterdam.
—Waltz, R., 1909, *La vie politique de Sénèque*, París.
—Waltz, R., 1923, *Sénèque. Dialogues. III: Consolations*, París.
—Waltz, R., 1966, *Séneque. L'Apocoloquintose du divin Claude*, París.
—Weinreich, O., 1923, *Senecas Apocolocyntosis*, Berlín.
—Wedeck, H., 1955, «The Question of Seneca's Wealth», *Latomus*, 14, pp. 540 y ss.
—Zambrano, M.ª, 1987, *El pensamiento vivo de Séneca*, Madrid.

C. Contexto literario

Para los autores antiguos más usados en esta obra, además de las ediciones de Oxford y de Leipzig (Teubner), nos hemos servido de los estudios, ediciones y traducciones, indicados a continuación:

—AA. VV., *Los estoicos antiguos (Zenón de Citio. Aristón de Quíos. Hérilo de Calcedonia. Dionisio de Heraclea. Perseo de Citio. Cleantes. Espero)*, (intr., trad. y notas de A. J. Cappelletti), Madrid, Gredos, 1996.

—AA. VV., *Priapeos. Grafitos amatorios pompeyanos. La velada de la fiesta de Venus. Reposiano: El concúbito de Marte y Venus. Ausonio: Centón nupcial* (intr., trad. y notas de E. Montero), Madrid, Gredos, 1981.

—AA. VV., *Oráculos caldeos. Numerio de Apamea: Fragmentos y testimonios* (intr., trad. y notas de G. García Bazán), Madrid, Gredos, 1991.

—André, J., 1965, *Apicius, l'art culinaire. De re coquinaria* (texto, trad. y comentario), París.

—Brisset, J., 1964, *Les idées politiques de Lucain*, París.

—Cicerón, M. Tulio, *Del supremo bien y del supremo mal* (intr., trad. y notas de A. D'Ors), Madrid, Gredos, 1984.

—Cicerón, M. T., *Sobre la República* (introd., trad. y notas de A. D'Ors), Madrid, Gredos, 1984.

—Copleston, F., 1994, *Historia de la filosofía,* I, Barcelona.

—Crisipo, *Fragmentos morales* (intr. trad. y notas de F. Maldonado), Madrid, Clásicas, 1999.

—Currie, H. Macl., 1984, Phaedrus the Fabulist», *ANRW*, II, 32.1, pp. 497-513.

—Dión Casio: *Dio's Roman History*, vols. I-IX (Texto y traducción de E. Cary y otros), Cambridge Mass.-Londres, 1914 y ss.

—Dión Casio: *Cassio Dione. Storia romana* (introd. de M. Sordi; trad. de A. Stroppa; notas de A. Galimberti), Milán, Rizzoli, 1999.

—Dubley, D.R., 1937, *A History of Cynism*, Londres.

—Durry, M., 1950, *Anónimo, Eloge funèbre d'une matrone romaine (éloge dit de Turia)* (texto, trad. y notas de M. Durry), París.

—Elorduy, E., 1972, *El estoicismo*, Madrid.

—Fedro: *Phédre. Fables* (texto, intr., trad. y notas de A. Brenot), París, Belles Lettres, 1969 (reimp. 1924).

—Flavio Josefo, *La guerra de los judíos* (intr., trad. y notas de J. M. Nieto), Madrid, Gredos, 1997.

—Germánico: *Germanicus. Les Phénomenes d'Aratos* (texto, trad. y notas de A. Le Boeuffle), París, Ed. CUF, 1975.

—González Rolán, T., Saquero, P., 1993, *Consolatio ad Liviam de morte Drusi Neronis*, Madrid.

—Goodyear, F. R. D., 1984, «The *Aetna*: Thought, Antecedents and Style», *ANRW*, II, 32.1, pp. 344-363.

—Goodyear, F. R. D., 1984a, «Tiberius und Gaius: their Influence and Views on Literature», *ANRW*, II, 32.1, pp. 693-610.
—Gowing, A. M., 1997, «Cassius Dio on the Reign of Nero», *ANRW*, II, 34.3, pp. 2.558-2.590.
—Hellegouarc'h, J., 1984, «Etat présent des travaux sur l'Histoire Romaine de Velleius Paterculus», *ANRW*, II, 32.1, pp. 404-436.
—Isnardi, M., 1989, *Stoici antichi*, I-II, Turín.
—Juvenal, *Sátiras* (introd., trad. y notas de M. Balach y M. Dolç), Madrid, Gredos, 1991.
—Lee, A. G., 1953, *Paradoxa Stoicorum*, Londres.
—López Eire, A., 1990, *Diógenes Laercio. Los filósofos estoicos*, Barcelona.
—Lucano, M. Anneo, *Farsalia* (intr., trad. y notas de A. Holgado), Madrid, Gredos, 1984.
—Martínez Marzoa, F., 1973, *Historia de la filosofía*, I, Madrid.
—Millar, F., 1964, *Study of Cassius Dio*, Oxford.
—Marcial: *Martial, Epigrammes*, I-II (texto, intr., trad. y notas de H. J. Izaac), París, Belles Lettres, 1961-1973 (reimp.).
—Persio, *Sátiras* (intr., trad.y notas de M. Balasch y M. Dolç), Madrid, Gredos, 1991.
—Plinio el Viejo, *Historia natural* (intr. general G. Serbat; trad. y notas de A. Fontán y otros), Madrid, Gredos, 1995 y ss.
—Plinio el Viejo: *Pliny, Natural History*, vols. I-X (texto y traducción), Cambridge Mass.-Londres, Loeb, 1967 y ss.
—Pohlenz, M., 1959, *Die Stoa*, I-II, Gotinga.
—Puente Ojea, G., 1974, *Ideología e historia. El fenómeno estoico en la sociedad antigua*, Madrid.
—Quintiliano: *Quintilien, Institution oratoire*, vols. I-VII (texto, introd., trad. y notas de J. Cousin), París, Belles Lettres, 1975 y ss.
—Rist, J. M., 1969, *Stoic Philosophy*, Cambridge.
—Séneca Retor: *Annaei Senecae, Oratorum et Rhetorum Sententiae, Divisiones, Colores* (texto de A. Kiessling), Stuttgart, 1966.
—Séneca Retor: *Seneca il Vecchio, Oratori e retori. Controversie. Suasorie*, vols. I-IV (texto, trad. y notas de A. Zanon dal Bo), Bolonia, Zanichelli, 1986 y ss.
—Suetonio: *Suétone. Vie des Douze Césars* (texto, introd., trad. y notas de H. Ailloud), París, Belles Lettres, 1931 y ss.
—Suetonio, *Vidas de los Césares* (Intr., trad. y notas de V. Picón), Madrid, Cátedra, 1998.
—Syme, R., 1958, *Tacitus*, Oxford.
—Tácito: *Tacite, Annales* (texto, intr., trad. y notas de H. Gölzer), París, Belles Lettres, 1964 y ss. (reimp. 1923 y ss.).
—Tácito, *Anales* (intr., trad. y notas de J. L. Moralejo), Madrid, Gredos, 1969.

D. Estudios sobre la época de Séneca:

—AA. VV., 1965, *Les empereurs romains d'Espagne*, París.
—AA. VV., 1991, *L'idéologie du pouvoir monarchique dans l'Antiquité*, París.
—Abascal, J. M., 1994, *Los nombres personales en las inscripciones latinas de Hispania*, Madrid.
—Albertos, M.ª L., 1966, *La onomástica primitiva de Hispania Tarraconense y Bética*, Salamanca.
—André, J., 1949, *La vie et l'oeuvre d'Asinius Pollion*, París.
—André, J., 1967, *Mécène*, París.
—André, J., 1974, *Le siècle d'Auguste*, París.
—Arce, J., 1988, *Funus Imperatorum. Los funerales de los emperadores romanos*, Madrid.
—Arias Bonet, J. A., 1948-1949, «Societas publicanorum», *AHDE*, pp. 218-303.
—Auguet, R., 1975, *Caligula ou le pouvoir à vingt ans*, París.
—Badian, E., 1972, *Publicans and Sinners*, Oxford.
—Balsdon, J. P. V. D., 1934, *The Emperor Claudius*, Oxford.
—Baumann, R. A., 1967, *The Crimen Maiestatis in the Roman Republic and Augustan Principate*, Johannesburgo.
—Bayet, J., 1969, *Histoire politique et psychologique de la religion romaine*, París (trad. española, Madrid, 1984).
—Béranger, J., 1953, *Recherches sur l'aspect idéologique du Principat*, Basilea.
—Bishop, J., 1964, *Nero. The man and the legend*, Londres.
—Bleicken, J., 1962, *Senatsgericht und Kaisergericht*, Gotinga.
—Blázquez, J. M., 1978, *Economía de la Hispania romana*, Madrid.
—Bodson, A., 1967, *La morale sociale des derniers stoiciens*, París.
—Bonner, S. F., 1984, *La educación en la Roma antigua*, Barcelona.
—Brunt, P., 1961, «Charges of Maladministration under the Early Principate», *Historia*, 10, pp. 189 y ss.
—Buckland, W.W., 1908, *The Roman Law of Slavery*, Cambridge.
—Caballos, A., 1990, *Los senadores hispanorromanos y la romanización de Hispania (s.I-III)*, Écija.
—Cagnat, M. R., 1966, *Les impôts indirects chez les romains*, Roma (reimp.).
—Carcopino, J., 1922, *Choses et gens du pays d'Arles*, Lyon.
—Cizek, E., 1972, *L'époque de Néron et ses controverses idéologiques*, Leiden.
—Clavel-Lévêque, M., 1984, *L'empire en jeux. Espace symbolique et practique sociale dans le monde romain*, París.
—Coarelli, F., 1989, *Roma*, en «Guide Archeologiche Laterza», Roma-Bari.
—Corradi, G., 1941, *Galba, Otone, Vitelio*, Roma.
—Costantino, F., 1966, «Processi e suicidi nell'età di Tiberio», en M. Sordi (Ed.), *Processi e politica nel mondo antico*, Milán.
—Chilton, C.W., 1955, «The Roman Law of Treason under the Early Principate», *JRS*, 45, pp. 73 y ss.

—Christ, C., 1956, *Drusus und Germanicus*, Padeborn.
—Conde, E., 1979, *La sociedad romana en Séneca*, Murcia.
—Crook, J., 1955, *Consilium Principis*, Cambridge.
—Degrassi, A., 1952, *I fasti consolari dell'Impero romano (30 a.C.-613 d.C.)*, Roma.
—Demougin, S., 1988, *L'ordre équestre sous les Julio-Claudiens*, Roma.
—De Ruyt, C., 1983, *Macellum. Marché alimentaire des romains*, Lovaina.
—Domergue, Cl., 1987, *Catalogue des mines et de fonderies antiques de la Péninsule Ibèrique*, I-II, Madrid.
—Domergue, Cl., 1990, *Les mines de la Péninsule Ibèrique dans l'antiquité romaine*, Roma.
—Dudley, D. R., Webster, G., 1962, *The Rebellion of Boudica*, Londres.
—Duff, A. M., 1928, *Freedmen in the Early Roman Empire*, Oxford.
—Etienne, R., 1970, *Le siècle d'Auguste*, París.
—Fabia, Ph., 1929, *La table claudienne de Lyon*, Lyon.
—Festugière, R. P., 1949-1954, *La révélation d'Hermes Trismégiste*, I-IV, París.
—Fritz, K. von, 1954, *The Theory of the Mixed Constitution in Antiquity*, Nueva York.
—Gagé, J., 1964, *Les classes sociales dans l'Empire romain*, París.
—García Romero, J., 2.000, *El papel de la minería y metalurgia en la Córdoba romana*, Córdoba (tesis doctoral).
—Garnsey, P., 1970, *Social Status and Legal Privilege in the Roman Empire*, Oxford.
—Geytenbeek, A. C. van, 1962, *Musonius Rufus and Greek Diatribe*, Assen.
—Gilliam, J. F., 1967, «Novius Priscus», *Bull. of Corr. Hellénique*, 91, pp. 269 y ss.
—González Román, C., 1999, «El trabajo en la agricultura de la Hispania romana», en *El Trabajo en la Hispania romana*, Madrid, pp. 119-206.
—Grant, M., 1970, *Nero*, Londres.
—Griffin, M.T., 1984, *Nero. The End of a Dinasty*, Londres.
—Guillén, J., 1981, *Urbs Roma. Vida y costumbres de los romanos*, I-III, Salamanca.
—Hammond, M., 1933, *The Augustan Principate*, Cambridge.
—Hartke, W., 1951, *Römische Kinderkaiser*, Berlín.
—Hellegouarc'h, J., 1963, *Le vocabulaire latin des relations et des partis politiques sous la République*, París.
—Henderson, B.W., 1903, *The Life and Principate of the Emperor Nero*, Londres.
—Henning, D., 1975, *L. Aelius Seianus*, Munich.
—Hidalgo, M.ª J., 1995, *El intelectual, la realeza y el poder político en el Imperio romano*, Salamanca.
—Hirschfeld, O., *Die kaiserlichen Verwaltungsbeamten bis auf Diocletian*, 1905 (2.ª ed.).
—Hoffman-Lewis, W., 1955, *The Official Priest of Rome under the Julio-Claudians*, Roma.

—Huzar, E., 1984, «Claudius. The Erudite Emperor», *ANRW*, II, 32.1, pp. 611-650.
—Jal, P., 1963, *La guerre civile à Rome. Etude littéraire et morale*, París.
—Jones, A. H. M., 1972, *The Criminal Courts of the Roman Republic and Prinzipats*, Oxford.
—Kienast, D., 1982, *Augustus. Princeps und Monarch*, Darmstadt.
—Kornemann, E., 1960, *Tiberius*, Stuttgart.
—Laet, S. J. de, 1949, *Portorium*, Brujas.
—Levi, M. A., 1949, *Nerone e i suoi tempi*, Milán.
—Levick, B., 1976, *Tiberius the Politician*, Londres.
—Long, A. A., 1974, *Hellenistic Philosophy*, Londres.
—MacMullen, R., 1967, *Enemies of the Roman Order*, Cambridge.
—Magdelain, A., 1947, *Auctoritas Principis*, París.
—Mangas, J., 1990, *Augusto*, Madrid.
—Mangas, J., 1997, «Germánico y Tiberio», en J. Alvar y otros (coords.), *Héroes y antihéroes en la Antigüedad Clásica*, Madrid, pp. 295-313.
—Mangas, J., Orejas, A., 1999, «El trabajo en las minas de la Hispania romana» en *El trabajo en la Hispania romana*, Madrid, pp. 207-337.
—Mangas, J., 1999a, *Historia universal. Edad Antigua. Roma*, Barcelona.
—Mangas, J., 2.000, «Promoción social y oficio de nodrizas» en M.ª M. Myro y otros, *Las edades de la dependencia durante la Antigüedad*, Madrid, pp. 223-238.
—Marín, A., 1988, *Emigración, colonización y municipalización en la Hispania republicana*, Granada.
—Marrou, H. I., 1985, *Historia de la educación en la Antigüedad,* Madrid.
—McDermott, W. C., 1949, «Sextus Afranius Burrus», *Latomus*, 8, pp. 229 y ss.
—Millar, F., 1966, «The Emperor, the Senate and the Provinces», *JRS*, 56, pp. 156 y ss.
—Millar, F., 1970, *El Imperio romano y sus pueblos limítrofes*, Madrid.
—Momigliano, A., 1961, *Claudius. The Emperor and his achievement*, Cambridge (2.ª ed.).
—Momigliano, A., 1975, «Osservazioni sulle fonti per la storia di Caligula, Claudio, Nerone», en A. Momigliano, *Quinto contributo alla storia degli studi classici*, Roma, pp. 799 y ss.
—Murray, O., 1965, «The *Quinquenium Neronis* and the Stoics», *Historia*, 14, pp. 41 y ss.
—Ogg, G., 1968, *The Chronology of the Life of Paul*, Londres.
—Passerini, A., 1941, *Caligula e Claudio*, Roma.
—Pecchiura, P., 1965, *La figura di Catone Uticense nella letteratura latina,* Turín.
—Petit, P., 1968, *Le premier siècle de notre ère*, París.
—Pflaum, H.-G., 1950, *Les procurateurs équestres sous le Haut-Empire romain*, París.

—Pflaum, H.-G., 1960 ss., *Les carrières procuratoriennes équestres sous le Haut-Empire romain*, I-IV, París.
—Plassart, A., 1967, «L'inscription de Delphes mentionnant le proconsul Gallion», *REG*, 80, pp. 372 y ss.
—Polverini, L., 1964 y 1965, «L'aspetto sociale del passagio della Republica al Principato», *Aevum*, 38, 1964, pp. 241-285; 39, 1965, pp. 1-24.
—Reesor, M. E., 1951, *The Political Theory of the Old and Middle Stoa*, New York.
—Riposati, B., 1939, *M. Terenti Varronis De vita Populi Romani*, Milán.
—Ritti, T., 1983, «Ciencia y técnica (durante el periodo helenístico)» en R. Bianchi Bandinelli (dir.), *Historia y civilización de los griegos*, vol IX, Barcelona, pp. 117-160.
—Robert, J.-N, 1999, *Eros romano. Sexo y moral en la Roma antigua*, Madrid, Ed. Complutense.
—Rodaz, J. M., 1984, *Marcus Agrippa*, París.
—Rodríguez Neila, J. F., 1992, *Los Balbos de Cádiz*, Córdoba.
—Rodríguez Neila, J. F., 1988, *Historia de Córdoba. I: Del amanecer prehistórico al ocaso visigodo*, Córdoba.
—Rodríguez Neila, J. F., 1999, «El trabajo en las ciudades de la Hispania romana», en *El trabajo en la Hispania romana*, Madrid, pp. 9-118.
—Sáez, P., 1987, *Agricultura romana de la Bética, I*, Sevilla.
—Schulze, W., 1904, *Zur Geschichte lateinischer Eigennamen*, Berlín.
—Schumann, G., *Hellenistische und griechiche Elemente in der Regierung Neros*, Leipzig, 1930.
—Sherwin-White, A. N., 1973, *The Roman Citizenship*, Oxford (2.ª ed.).
—Stein, A., 1950, *Die Präfekten von Aegypten*, Berna.
—Storoni, L., 1986, *Tibère ou la spirale du pouvoir*, París.
—Straaten, M. van, 1946, *Panetius*, Amsterdam.
—Summer, G.V., 1965, «The Family Connections of L. Aelius Seianus», *Phoenix*, 19, pp. 134 y ss.
—Syme, R., 1977, «La richesse des aristocraties de Bétique et de Narbonnaise», *Ktema*, 2, pp. 373 y ss.
—Syme, R., 1982-83, «Spaniards at Tivoli», *Ancient Society*, 13-14, pp. 241 y ss.
—Syme, R., 1983, «Antistius Rusticus. A consular from Corduba», *Historia*, 32, pp. 359 y ss.
—Syme, R., 1989, *La revolución romana*, Madrid.
—Syme, R., 1970, *Ten Studies in Tacitus*, Oxford.
—Syme, R., 1958, *Tacitus*, Oxford.
—Tarn, W., Griffith, G. T., 1969, *La civilización helenística*, México.
—Utchenko, S. L., 1987, *Cicerón y su tiempo*, Madrid.
—Van Berchen, D., 1975, *Les distributions de blé et d'argent à la plèbe romaine sous l'Empire*, Nueva York (reimp. 1939).
—Veyne, P., 1976, *Le pain et le cirque. Sociologie historique d'un pluralisme politique*, París.

—Vitucci, G., 1956, *Ricerche sulla Praefectura Urbis in età imperiale*, Roma.
—Vogt, J., 1965, *Sklaverei und Humanität*, n.º 8 de «Historia, Einzelschriften».
—Warmington, B. H., 1970, *Nero. Reality and Legend*, Londres.
—Weaver, P. R. C., 1972, *Familia Caesaris*, Cambridge.
—Wirszubski, C., 1967, *Libertas als politische Idee im Rom der späten Republik und des frühen Prinzipats*, Darmstadt (de 1950).
—Xifrá, J., 1983, *Las ideologías del poder en la Antigüedad*, Barcelona.
—Yavetz, Z., 1969, *Plebs and Princeps*, Oxford.
—Zäch, C., 1972, *Die Majestätsprozese unter Tiberius in der Darstellung des Tacitus*, Winthentur.
—Zanker, P., 1992, *Augusto y el poder de las imágenes*, Madrid (de ed. 1987).
—Zecchini, G., 1997, *Il pensiero politico romano*, Roma.
—Zuntz, G., 1992, *Aion in der Literatur der Kaiserzeit*, «Wiener Studien», Heft 17.